Evelyn Kiok

Inklusion vor, auf und hinter der Bühne

Inklusion und Gesellschaft, Band 2

Evelyn Kiok

Inklusion vor, auf und hinter der Bühne

Barrierefreie Kommunikation im Theater

Frank & Timme
Verlag für wissenschaftliche Literatur

Umschlagabbildung © pict rider – stock.adobe.com

ISBN 978-3-7329-0788-5
ISBN E-Book 978-3-7329-9177-8
ISSN 2627-9444

Herstellung durch Frank & Timme GmbH,
Wittelsbacherstraße 27a, 10707 Berlin.
Printed in Germany.
Gedruckt auf säurefreiem, alterungsbeständigem Papier.

www.frank-timme.de

Inhaltsverzeichnis

Abkürzungsverzeichnis

DGS Deutsche Gebärdensprache
DLS Deutsche Lautsprache
DSS Deutsche Schriftsprache
LBG Lautsprachbegleitende Gebärden
LUG Lautsprachunterstützende Gebärden
ASL American Sign Language
TT Theatertranslation
AT Ausgangstext
ZT Zieltext
AS Ausgangssprache
ZS Zielsprache
TF Textfassung
GSD Gebärdensprachdolmetscher*in (auch Plural)
NTD National Theatre of the Deaf
DGT Deutsches Gehörlosentheater
UN-BRK UN-Behindertenrechtskonvention

Anonymisierungscodes für Interviewpartner*innen und Umfrageteilnehmer*innen

R Regisseurin von WOY
KL Künstlerische Leiterin des Theaterhaus Hildesheim
TW Tauber Woyzeck
HW Hörender Woyzeck
HM Hörende Marie
GSD Beteiligte Gebärdensprachdolmetscherin

Interview R;
33-35 Interview mit der Regisseurin von WOY; Zeilen 33-35
T2; 1/C Tabelle 2 der Umfrageantworten; Zeile 1/Spalte C

1. Einleitung

Barrierefreiheit und inklusive Teilhabe von Menschen mit Behinderung im kulturellen wie im öffentlichen Bereich wird in Deutschland seit Inkrafttreten der UN-Behindertenrechtskonvention (UN-BRK) von 2008 gefordert und gefördert. Im Theaterbereich schreiten die Entwicklungen für taube und schwerhörige Menschen jedoch nur langsam voran. Vermehrt werden inzwischen *Accessibility*-Maßnahmen wie Gebärdensprachverdolmetschung neben oder auf der Bühne und Induktive Höranlagen eingesetzt, um ihnen einen Zugang zu lautsprachlichen Inszenierungen zu ermöglichen. Da die Sprachnutzung tauber und schwerhöriger Menschen aber sehr individuell ist, können nicht mit einer der Maßnahmen die Bedürfnisse aller Mitglieder dieser Zielgruppe erfüllt werden. Eine gleichberechtigte, inklusive Teilhabe vermag eine Aufführung mit additiv hinzugefügten Accessibility-Maßnahmen außerdem nicht zu gewähren. Eher vermag sie es, einen integrativen Zugang zu eröffnen, wobei die tauben und schwerhörigen Zuschauer*innen[1] die sekundäre Zielgruppe bleiben. Um eine für taube, schwerhörige und hörende Personen inklusive Inszenierung zu erarbeiten, sollten möglichst in Zusammenarbeit von Vertreter*innen aller Zielgruppen die Accessibility-Maßnahmen und/oder unterschiedlichen Sprachen bereits im Inszenierungsprozess mitgedacht und in die Inszenierung auf ästhetische Weise eingearbeitet werden. (vgl. Mälzer und Wünsche 2018: 34) Hierdurch kann eine *Aesthetic of Access* erzeugt werden. Inszenierungen, die diesen Ansatz verfolgen, sind in Deutschland allerdings noch eine Seltenheit.

Eine Theaterinszenierung in Laut- und Gebärdensprache mit tauben, schwerhörigen und hörenden Schauspieler*innen, welche versuchte inklusiv für das Pub-likum zu sein, war ein Auslöser für mich, das Masterstudium Gebärdensprachen an der Universität Hamburg zu beginnen. Innerhalb des Studiums führte ich bereits ein Forschungsprojekt zu zwei Theaterinszenierungen mit inklusivem Anspruch durch, in welchem ich die inklusive Wirkung der Inszenierungen auf das diverse Publikum untersuchte. Für meine hier vorgestellte Masterarbeit

[1] In dieser Arbeit werde ich mit „*“ gendern, wodurch alle Geschlechter einbezogen werden sollen. Wenn mir das Geschlecht einer erwähnten Person bekannt ist, nenne ich dies zumeist, außer wenn es mir wichtig ist, die Anonymität der Person umfassend zu wahren.

begleitete und untersuchte die Probenarbeit und Aufführungen der Inszenierung *WOY*, welche 2019 am Theaterhaus Hildesheim inszeniert und aufgeführt wurde, mithilfe der qualitativen Forschungsmethoden der Teilnehmenden Beobachtung, leitfadengestützter Interviews und einer Online-Umfrage unter dem Publikum. Mit einem gemischten Ensemble aus einem tauben und ansonsten hörenden Schauspieler*innen wurde in WOY das Dramenfragment *Woyzeck* frei nach Georg Büchner inszeniert. Um gleichermaßen taube, schwerhörige und hörende Personen als Publikum anzusprechen und eine inklusive Wirkung vor der Bühne zu entfalten, werden die drei Sprachen Deutsche Lautsprache (DLS), Deutsche Gebärdensprache (DGS) und Deutsche Schriftsprache (DSS) auf der Bühne genutzt. Die Variationen der Übersetzungsrichtungen haben zum Ziel, jede der Sprachen an verschiedenen Stellen der Inszenierung zur Ausgangssprache (AS) und Zielsprache (ZS) der Theatertranslation (TT) zu machen, sodass es keine überlegene Zuschauer*innenposition gibt.

In diesem Zusammenhang stelle ich mir die Fragen: Worin unterscheiden sich barrierefreie und inklusive Theaterinszenierungen für taube, schwerhörige und hörende Menschen voneinander? Wo bewegt sich die Inszenierung WOY auf diesem Spektrum? Inwiefern ist eine ästhetische Nutzung der drei Sprachen (DLS, DGS und DSS) notwendig, um Inklusion im Publikum zu fördern?

Bisherige Publikationen in diesem Bereich konzentrieren sich vor allem auf die Inklusion des Publikums solcher Inszenierungen, erwähnen aber zumeist, dass eine inklusive Einbeziehung tauber und schwerhöriger Menschen in die Produktionsprozesse hinter der Bühne sinnvoll sei. Da eine solche Einbeziehung in der Erarbeitung der Inszenierung WOY angestrebt wurde, werde ich meine Untersuchung auch darauf ausweiten, inwiefern bei WOY eine Inklusion der Ensemble- und Teammitglieder gegeben war. Außerdem stelle ich mir die Frage, was sich aus der Inszenierungen WOY und der im Probenprozess stattfindenden Zusammenarbeiten aus tauben, schwerhörigen und hörenden Beteiligten für zukünftige inklusive Projekte lernen lässt.

Hierfür werde ich zunächst in Abschnitt 2 die Bedeutung der von mir genutzten Begriffe, wie *Barrierefreiheit*, *Accessibility* und *Inklusion*, erläutern und deren Zusammenhänge mit tauben und schwerhörigen Menschen, sowie Menschen mit Behinderung im Theaterbereich aufzeigen. In Abschnitt 3 folgt eine Auseinandersetzung mit der Einbeziehung von Menschen mit Behinderung im Dramatischen und Postdramatischen Theater, dem Konzept der Theatralen Zeichen und deren Bedeutung für die TT. Eine tiefergehende Beschäftigung mit tauben und schwerhörigen Menschen auf der Bühne und im Zuschauerraum vor allem in Ensembles und Publika gemeinsam mit Hörenden findet in Abschnitt 4 statt. Abschnitt 5 widmet sich der Vorstellung meines Forschungsfeldes, der Inszenierung WOY und den daran beteiligten Personen. Daran schließt Abschnitt 6 an, in welchem ich die von mir genutzten Methoden näher erläutere und meine Position als hörende Forscherin in meinem Forschungsfeld reflektiere. In Abschnitt 7 erfolgt schließlich die Vorstellung und in Abschnitt 8 die Diskussion der Ergebnisse meiner Forschung in Bezug auf die in den vorangegangenen Abschnitten vorgestellten Themenbereichen. Abschließend beantworte ich in Abschnitt 9 meine Forschungsfragen mithilfe der Ergebnisse und gebe einen Ausblick für weitere inklusive Theaterinszenierungen.

2. Grundbegriffe der Barrierefreiheit und Inklusion

Taube und schwerhörige Menschen begegnen in ihrem Alltag häufig ‚audistischen‘[2] Vorurteilen und Ungleichbehandlungen durch hörende Menschen und Institutionen aufgrund ihrer eingeschränkten oder fehlenden Hörfähigkeit. Sie begegnen Barrieren, die ihre Teilhabe an vielen Bereichen der hörenden Mehrheitsgesellschaft verhindern.

2.1. Barrierefreiheit, Access, Accessibility

Die Sichtweise auf Menschen mit Behinderung wird dominiert vom *medizinischen* oder *individuellen Modell von Behinderung*. Darin wird *Behinderung* „als ‚körperliche, psychische oder geistige Beeinträchtigung‘ einer Person verstanden, aus der Einschränkungen der gesellschaftlichen Partizipation folgen“ (Schweizerische Eidgenossenschaft o.J.: o.S.). Das Ziel ist es hierbei, den Kör-

[2] Für die Diskriminierung tauber Menschen wurde 1975 von Tom Humphries der Begriff ‚Audismus‘ eingeführt, den er als “notion that one is superior based on one’s ability to hear or behave in the manner of one who hears” (Humphries 1975; Zit. nach Bauman 2014: 240) definiert.

per oder die Person durch Heilung oder Eingliederung in die Gesellschaft der *Normalität* anzugleichen. In Reaktion darauf entstand in den 1970er Jahren das *soziale Modell von Behinderung*, in welchem Behinderung als soziales Konstrukt angesehen wird. Hierbei wird unterschieden zwischen den Begriffen der medizinischen *Beeinträchtigung* eines Körpers und den gesellschaftlichen Praktiken der *Behinderung,* welche die Person durch Barrieren erst behindern. Die Gesellschaft ist daher in der Verantwortung, diese Barrieren zu beseitigen. (vgl. Waldschmidt 2017: 20f)

Barrieren für Menschen mit Beeinträchtigungen der Sinne werden von Isabel Rink (2019: 29) u.a. in den Bereich der „Kommunikationsbarrieren" eingeordnet. Zu diesen zählen auch Fach-, Fachsprachen-, Sprach-, Medien-, Kultur- und Kognitionsbarrieren. Bis auf die letzte Kategorie treffen alle diese Barrieren auf Menschen mit prälingualer Taubheit oder Schwerhörigkeit zu. So sind ihnen z.B. Texte und Medien in Lautsprache nicht oder nur begrenzt zugänglich. Hierbei ist allerdings zu bedenken, dass die Kommunikationsbarriere in einer Unterhaltung zwischen einer hörenden, nicht-gebärden-sprachkompetenten Person und einer tauben, gebärdensprachkompetenten Person auf beiden Seiten liegt. Würde die hörende Person versuchen, mit einer Gruppe tauber, gebärdender Menschen zu kommunizieren, läge die Kommunikationsbarriere ausschließlich auf der Seite der Hörenden. (vgl. Ugarte Chacón 2016: 226)

Der Begriff *Access* meint im Gegensatz zu Behinderung, dass ein Zugang für Menschen mit Behinderung entweder direkt, unassistiert oder indirekt, mit Zuhilfenahme einer assistierenden Technologie möglich ist. *Accessibility* meint anknüpfend daran, dass Menschen unabhängig von ihrer geistigen und körperlichen Verfassung uneingeschränkten Zugang zu einem Gebäude, einer Veranstaltung oder einer Information haben. Auf Deutsch wird Accessibility zumeist mit *Barrierefreiheit* übersetzt. In vielen Bereichen der Gesellschaft müssen allerdings erst „*Accessibility*-Maßnahmen" (Ugarte Chacón 2015: 54; Herv. i. O.) ergriffen werden, um bestehende Barrieren abzubauen und ein Gebäude oder eine Veranstaltung für bestimmte Menschengruppen zugänglich zu machen.

Am 3. Mai 2008 trat die UN-BRK in Kraft, welche den „volle[n] Genuss der grundlegenden Menschenrechte durch behinderte Menschen und deren aktive Teilnahme am politischen, wirtschaftlichen, sozialen und kulturellen Leben"

(Informationsplattform: humanrights.ch 2018: o.S.) fordert. Bildungs-, Medien- und Kultureinrichtungen sowie Behörden versuchen seither, ihre Angebote barrierefrei zugänglich zu gestalten, indem sie verschiedene Accessibility-Maßnahmen zum Einsatz bringen. (vgl. Bundesministerium für Arbeit und Soziales BMAS 2018: 26f.)

Im Theater kann das bedeuten, dass das Theatergebäude über Rollstuhlrampen und/oder Aufzüge verfügt oder dass eine Theaterproduktion oder einzelne Aufführungen in einem Format präsentiert werden, welches Menschen mit Beeinträchtigungen der Sinne oder Kognition einen Zugang gewähren, den sie zuvor nicht hatten. Für Blinde und sehbeeinträchtigte Menschen können z.B. Audiodeskriptionen, Audioeinführungen oder „*touch tours*" (Ugarte Chacón 2015: 53; Herv. i. O.) angeboten werden. Über Induktive Höranlagen und Funkübertragungsanlagen können für schwerhörige Menschen mit Hörgerät und taube Menschen mit Cochlea-Implantat der Zugang zu lautsprachlichen Äußerungen auf der Bühne erleichtert werden. (vgl. Schlenker-Schulte 2004: 90) Außerdem können Übertitelung und Gebärdensprachverdolmetschung eingesetzt werden, um tauben und schwerhörigen Menschen den Zugang zu den Aufführungen zu ermöglichen.

Zumeist werden solche Accessibility-Maßnahmen für ein taubes und schwerhöriges Publikum erst nachträglich zur bereits bestehenden lautsprachlichen Inszenierung hinzugefügt, wobei der Fokus darauf liegt, dass die von den Maßnahmen angesprochenen Personengruppen die Handlung und den sprachlichen Inhalt verstehen können. Eine ästhetische Integration der Maßnahmen in die Inszenierung oder ein Mitdenken der kulturellen Normen z.B. der Gehörlosengemeinschaft finden hier nicht statt. (vgl. Ugarte Chacón 2015: 54)

Der Begriff Access umfasst, laut Rafael Ugarte Chacón, mehr als die Bereitstellung eines semantischen Zugangs. Hierbei soll eine vollkommene Teilhabe gewährleistet werden, wodurch nicht nur inhaltliches und sprachliches Verstehen, sondern eine gleichberechtigte performative Erfahrung erzeugt wird. Unterschiede zwischen den Zuschauer*innen können hierbei „thematisiert oder in performativen Prozessen bewusst gemacht werden" (Ugarte Chacón 2015: 62).

Am sozialen Modell von Behinderung wurde mehrfach kritisiert, dass es und die daraus resultierenden Begriffe Access und Accessibility immer noch von der medizinischen Betrachtung eines Körpers als beeinträchtigt ausgehen. 2006 wurde schließlich von Snyder und Mitchell das *Kulturelle Modell von Behinderung* eingeführt. Nicht nur die Behinderung im Sinne des sozialen Modells, sondern auch die medizinischen Kategorien sind hiernach erst gesellschaftlich hergestellt und haben „ihre Geschichte, ihre kulturelle Bedeutung und ihre sozialen Konstruktionsmodi“ (Schneider und Waldschmidt 2012: 141). Was als Behinderung angesehen wird, existiert also nur, insofern bestimmte körperliche Differenzen in einer bestimmten kulturellen und historischen Wissensstruktur als „relevant for health“ (Waldschmidt 2017: 25) betrachtet werden. Auch taube und schwerhörige Menschen werden in Deutschland von der Medizin als beeinträchtigt angesehen und v.a. durch Kommunikationsbarrieren in der lautsprachlich ausgerichteten Gesellschaft behindert. Viele taube und z.T. auch schwerhörige Menschen betrachten sich selbst allerdings nicht als behindert. Sie sind Mitglieder einer kulturellen (regionalen, nationalen und/oder globalen) Gehörlosen- und/oder Gebärdensprachgemeinschaft und fühlen sich v.a. über die Verwendung einer Gebärdensprache und gemeinsame Erfahrungen des Audismus miteinander verbunden. (vgl. Uhlig 2012: 12) [3] Durch diese Betrachtungsweise der eigenen Kultur entstanden mit der Zeit auch künstlerische Praktiken, wie Gebärdensprachpoesie und Gehörlosentheater, die häufig die Erfahrungen der tauben (und schwerhörigen) Künstler*innen behandeln und sich vor allem an Mitglieder der Gebärdensprachgemeinschaft richten. (vgl. Kelstone und Durr 2003: o.S.)

In der UN-BRK wird ebenfalls die Förderung von Künstler*innen mit Behinderung gefordert. Dennoch begegnen taube und schwerhörige Menschen noch immer Barrieren, bei der Ausbildung und Ausübung des Berufs als Schauspieler*innen. So gibt es nur sehr wenige Ausbildungsstätten für Schauspiel in Europa, die tauben und schwerhörigen Menschen offenstehen und zugänglich sind. In gemischten Theaterensembles ist zumeist die Anwesenheit eines*einer Ge-

[3] Ich will in dieser Arbeit auf keinen Fall die Selbstbezeichnung vieler tauber und schwerhöriger Menschen als kulturelle Gemeinschaft hinterfragen oder missachten. Da sie aber in Deutschland vielen Barrieren begegnen und auch in der UN-BRK einbezogen werden, werde ich in dieser Arbeit mehrfach auf Publikationen zu Menschen mit Behinderung im Theater eingehen, da viele Ähnlichkeiten ihrer Behandlung und Situation mit denen tauber und schwerhöriger Menschen bestehen.

bärdensprachdolmetscher*in (GSD) nötig, um eine barrierefreie Kommunikation zu ermöglichen.

2.2. Integration und Inklusion tauber und schwerhöriger Menschen

Bestrebungen zur gesellschaftlichen Teilhabe bisher exkludierter Personengruppen verfolgten lange vor allem einen integrativen Ansatz. Bei der *Integration* wird davon ausgegangen, dass es eine auf bestimmte Weise geformte Gesellschaft gibt, in welche bisher aufgrund ihres Andersseins ausgeschlossene Menschen (z.B. Menschen mit Behinderung) integriert werden können und sollen. Da Menschen mit Behinderung aber bereits Teil der Gesellschaft sind, wird dieser Ansatz von verschiedenen Seiten kritisiert: Diejenigen, die nicht der normativen Mehrheitsgesellschaft entsprechen sind in der „Bringschuld […] sich an Regeln, Kultur und Struktur der Mehrheitsgesellschaft anzupassen" (Bentele 2012: 15).

Im Fall von tauben und schwerhörigen Theaterbesucher*innen findet dies statt, wenn eine von Hörenden und in Lautsprache inszenierte Theateraufführung zwar durch eine schriftsprachliche Übertitelung oder eine Gebärdensprachverdolmetschung für diese Publikumsteilnehmer*innen Zugang zu den auf der Bühne präsentierten sprachlichen Inhalten gewähren. Sie werden somit als Publikum anerkannt und gewünscht, bleiben aber als separate Zielgruppe der Accessibility-Maßnahmen bestehen und z.T. erkennbar.

Das aktuelle Umdenken hin zur Anerkennung der gesellschaftlichen Vielfalt bringt einen inklusiveren Ansatz mit sich. Bei der *Inklusion* werden alle Menschen bereits als Teil der diversen Gesellschaft anerkannt. Es müssen aber gesellschaftliche Veränderungen vorgenommen werden, die dazu beitragen, dass alle Menschen unabhängig von ihrer körperlichen oder kognitiven Verfassung auch an der Gesellschaft teilhaben können und „die Anerkennung von Vielfalt strukturell zu verankern" (Bentele 2012: 15) ist. Die „Bringschuld im Hinblick auf Inklusion [liegt] bei der Gesellschaft, die die Verschiedenheit ihrer Mitglieder anerkennen und sich entsprechend anpassen muss" (Bentele 2012.: 16).

Für ein taubes und schwerhöriges Theaterpublikum bedeutet dies, dass nicht erst im Nachhinein des Inszenierungsprozesses Accessibility-Maßnahmen über die bestehende Inszenierung gelegt werden, um ihnen den Zugang zu ermöglichen, sondern dass sie von vornherein mitgedacht und taube, schwerhörige und hörende Menschen als gleichwertiges, diverses Publikum angesehen werden.

2.3. Ästhetik und Aesthetics of Access

Ein solches diverses Publikum stellt unterschiedliche Ansprüche an die ästhetische Gestaltung einer Theaterinszenierung und der auf der Bühne genutzten Sprachen. Unter Ästhetik in Bezug auf Theater versteht Ugarte Chacón (2015: 43) „die Theorie einer besonderen Form der Wahrnehmung von Kunst“ die sich auf ein Ereignis (z.B. eine Theateraufführung) bezieht und auf einer durchdachten Gestaltung fußt, um bei den Betrachter*innen eine spezifische Wahrnehmung zu erzeugen. Gernot Böhme (1995: 8) begreift die Ästhetik als „Theorie des Kunstwerks“. Das Erzeugen eines Kunstwerks bezeichnet er als „ästhetische Arbeit“ (Böhme 1995: 25). Für ihn steht bei der sinnlichen Wahrnehmung des Kunstwerks durch die Rezipient*innen nicht das Wahrgenommene selbst, sondern die Empfindungen, die man bei dessen Wahrnehmung fühlt, im Vordergrund. Diese nennt er *Atmosphäre*.

Die ästhetische Wahrnehmung verschiedener Menschen kann sich stark voneinander unterscheiden, wobei der eigene Körper und verschiedene soziale und kulturelle Einflüsse die Wahrnehmung anderer Körper formen. Wenn ein Körper gegen, in einer Kultur vorherrschende, Körpernormen verstößt, wird dieser als anders und häufig als weniger ästhetisch empfunden. Auch die Körper von Tauben, Schwerhörigen und Menschen mit Behinderung entsprechen in vielen Kulturen nicht den Körpernormen, weswegen ihnen häufig mit kulturspezifischen (Vor-)Urteilen begegnet wird. (vgl. Ugarte Chacón 2015: 45ff) So wurden Körper mit Behinderung lange Zeit nur in stereotypisierter Weise auf der Bühne repräsentiert. Hierauf gehe ich im Abschnitt 3.1. genauer ein.

Um eine inklusive Theatererfahrung für zuvor ausgeschlossene Gruppen zu ermöglichen, sollte nicht nur eine Barrierefreiheit durch das Hinzufügen von Accessiblity-Maßnahmen zu einer bereits bestehenden Inszenierung erzeugt werden. Stattdessen sollten die Accessiblity-Maßnahmen möglichst in Zusammenarbeit von Menschen mit und ohne Behinderung bereits in den Inszenierungsprozess integriert werden, um allen Publikumsteilen eine gleichberechtigte, wenn auch unterschiedliche ästhetische Erfahrung zu ermöglich. Jenny Sealey führte hierfür den Begriff „Aesthetic of Access“ (Sealey und Lynch 2012: 60) ein.

Nachdem ich die zentralen Begriffe rund um Barrierefreiheit und Inklusion vorgestellt habe, folgt nun eine Ausführung relevanter theatertheoretischer Grundlagen.

3. Relevante (theater)theoretische Grundlagen

Da taube und schwerhörige Menschen in einer Theaterinszenierung für Hörende einige theatrale Zeichen nicht oder nur eingeschränkt wahrnehmen können, werden diese z.T. durch Theatertranslation (TT) in andere Zeichen umgewandelt. Ein Ziel des Postdramatischen Theaters besteht darin, die Hierarchie der theatralen Mittel aufzubrechen. Aber auch die Inklusion von Menschen mit Behinderung sowohl auf der Bühne als auch im Publikum hat sich mit der Entwicklung des Postdramatischen Theaters verändert.

3.1. Menschen mit Behinderung im Dramatischen und Postdramatischen Theater

Im Theater der Mehrheitsgesellschaft sind für gewöhnlich hörende Schauspieler*innen ohne Behinderung auf der Bühne vertreten. Vom Publikum ohne Behinderung werden diese Körper als Norm angesehen, weswegen sie nicht als „nicht-behindert“ (Siebers 2012: 16) wahrgenommen werden. Laut Tobin Siebers ist ein Körper mit Behinderung, sobald er auf die Bühne tritt, sichtbar, da er von der Norm abweicht. Wenn ein Mensch ohne Behinderung auf einen Menschen mit Behinderung trifft, werden in ihm durch die geringe Vorerfahrung mit ihnen Emotionen wie Vergnügen, Schrecken oder Abscheu ausgelöst. Diese physischen Empfindungen beschreibt Siebers als „die Substrate, auf denen sogenannte höhere ästhetische Effekte aufgebaut sind. In ihrer Minimaldefinition ist Ästhetik die Humanwissenschaft der Gefühle, die manche Körper anderen Körpern geben“ (Siebers 2012: 17). Früher verlangten die Zuschauer*innen ohne Behinderung eine Erklärung für das Auftauchen eines Körpers mit Behinderung auf der Bühne. Damit diese im Kontext der Handlung oder Aufführung

Sinn ergaben, wurden Menschen mit Behinderung dort vor allem „als Metapher für das Böse, für soziales Chaos oder moralische Erbauung“ (Siebers 2012: 19) eingesetzt. In der Kunstwelt können die durch das Auftreten von Menschen mit Behinderung im Theater ausgelösten Gefühle heute diskutiert werden. Taube und schwerhörige Zuschauer*innen und Menschen mit Behinderung, die taube, schwerhörige oder Körper mit Behinderung auf der Bühne sehen, nehmen diese vermutlich als normal war, da diese zu ihrer eigenen und/oder alltäglichen Erfahrung gehören, weswegen sie keine Erklärung für deren Auftreten benötigen. (vgl. Ugarte Chacón 2020: 37)

Laut Hans-Thies Lehmann fand seit den 1960er Jahren eine Wende im Theater und allen anderen Künsten statt, weg von einem dramatischen, hin zu einem „Theater, das sich veranlasst sieht, jenseits des Dramas zu operieren“ (Lehmann 2015: 30). Der Begriff des *Postdramatischen Theaters* wurde von Lehman eingeführt und bezieht sich auf eine Ausprägung im Theater beginnend in den 1960er Jahren. Das Dramatische und das Epische Theater existieren parallel weiter. (vgl. Mahne 2011: 24; auch: Kotte 2005: 114)

Im Theater der mindestens letzten drei Jahrzehnte wird eine Vielzahl ästhetischer Tendenzen zum Postdramatischen Theater gerechnet. Hierbei ist nicht mehr der Text das Zentrum der Inszenierungen, sondern „alle theatralen Gestaltungsmittel“ (Birkner, Geier und Helduser 2014: 9) werden als gleichwertig betrachtet. Jedes Element, ob Bühnenbild, Licht, Musik und andere kann zu einem Zeitpunkt den Fokus auf sich lenken und somit eine Aussage treffen. Es findet also eine „Enthierarchisierung der Theatermittel“ (Lehmann 2015: 147) statt. Hierdurch öffnete sich das Theater für andere theatrale Formen, wie Performance und Tanz, und andere Künste und Medien, wie Film, Bildende Kunst und Musik, welche in einer Inszenierung eingebunden und kombiniert werden können. Dabei wendet es sich ab von den durchgehenden spannungsreichen Handlungen des Dramatischen Theaters und wird zu einem „Theater der Zustände und szenisch dynamischer Gebilde“ (Lehmann 2015: 114). Verschiedene theatrale Zeichen, auch mehrere linguistische Zeichen, können simultan präsentiert werden und so zu einer Überforderung der Wahrnehmung führen. Daher werden die z.T. ausschnitthaften Erfahrungen der akustischen und visuellen Zeichen durch die Zuschauer*innen als subjektiv und variabel anerkannt. Die Inszenierungen des Postdramatischen Theaters werden nicht einfach einem Publikum präsentiert, sondern auch die Zuschauer*innen haben einen Einfluss auf das Erleben und Verhalten der Darsteller*innen auf der Bühne, wodurch Handlungen hervorgerufen werden können. Bei der postdramatischen Schreibweise geht es nicht um eine Wirklichkeitssimulation. Oftmals verschwimmt die Grenze zwischen Fiktivem und Realem. Es können auch dramatische Texte die Grundlage für eine postdramatische Inszenierung sein, wobei aber eine „De-Dramatisierung“ (Mahne 2011: 25) durch z.B. das Sichtbarmachen der Bühnenvorgänge oder das Bewusstmachen eines Zustandes oder einer Atmosphäre stattfindet.

Anders als im klassischen Theater treten Menschen mit Behinderung nicht in Figuren, welche Stereotypen über ihre Behinderung als Figurenmerkmale aufgreifen, auf die Bühne des Postdramatischen Theaters. Hierbei spielt der „deviante Körper“ (Lehmann 2015: 163) vielmehr selbst eine zentrale Rolle. Die sinnliche Wahrnehmung eines Menschen mit Behinderung auf der Bühne kann bei den Zuschauer*innen bestehende Stereotypen, Denk- und Wahrnehmungsweisen aufbrechen und somit eine „andere Ordnung, eine andere Körperlichkeit, Räumlichkeit und Plastizität, ja auch eine andere Schönheit“ (Kolesch 2005; Zit. nach: Helduser 2014: 180) einführen. Wenn der von der Norm abweichende Körper „jenseits der Bühnenfiktion in seiner physischen Realität zum Gegenstand wird, wird die Grenze zwischen Realität und Bühnenfiktion selbst thematisch“ (Helduser 2014: 180). Dies kann hilfreich sein, um Stereotype gegen Menschen mit Behinderung zu revidieren.

3.2. Theatrale Zeichen

Die moderne Semiotik, die „Wissenschaft von den Zeichen“ (Fischer-Lichte 2001: 153), betrachtet Kultur als einen Zeichenzusammenhang. Mit Hilfe der Zeichen soll etwas mitgeteilt werden. Sie können über alle Sinneskanäle aufgenommen werden und entstanden und entstehen immer dort, wo Menschen etwas hervorbringen. Im Theater sind vor allem die visuellen und akustischen Zeichen dominierend.

Nach Erika Fischer-Lichte findet Theater statt, wenn eine Person eine Handlung aufführt, welche von einer anderen Person betrachtet wird. Alles, was im

Theater auf der Bühne zu sehen und zu hören ist, kann als Zeichen verstanden werden, mit dem etwas ausgesagt werden soll. Um die Handlungen auf der Bühne und den Sinn der Aufführung begreifen zu können, müssen die Zuschauer*innen den *theatralen Zeichen* Bedeutung zuschreiben. Da die „theatrale Kommunikation" laut Fischer-Lichte (2001: 154) nur zwischen Personen derselben Zeit möglich ist, sollten die Produzent*innen und Rezipient*innen einer Inszenierung immerhin einigen der auf der Bühne präsentierten Zeichen zumindest teilweise eine gleiche Bedeutung zuschreiben. Hierbei werden verschiedene Arten von Zeichen eingesetzt: „linguistische und paralinguistische Zeichen, mimische, gestische und proxemische Zeichen (Körperbewegungen in einem Raum), Maske, Frisur, Kostüm, Raumkonzeption, Dekoration, Requisiten, Beleuchtung, Geräusche und Musik" (Fischer-Lichte 2001: 162). Die unterschiedlichen Zeichen treten hierbei nicht nur nacheinander auf die Bühne, sondern können auch simultan zu Zeichen einer anderen oder der gleichen Kategorie zusammen präsentiert werden. (vgl. Fischer-Lichte 2001: 164) Diese Zeichen können unter anderem in akustische und visuelle Zeichen aufgeteilt werden. Zu den akustischen werden nach Fischer-Lichte linguistische Zeichen, paralinguistische Zeichen, Geräusche und Musik gerechnet. (siehe Abb. 1) Linguistische Zeichen beziehen sich hier allerdings nur auf gesprochene Sprachen, weshalb alle akustischen Zeichenkategorien für taube und schwerhörige Menschen nicht oder nur teilweise wahrnehmbar sind. Maria Wünsche erweiterte die linguistischen Zeichen daher um visuelle verbale Zeichen, welche von einer Figur (z.B. durch eine Gebärdensprache) oder die Bühne (z.B. durch Übertitel) ausgehen können. Bis auf gestische und proxemische Zeichen können alle Arten von Zeichen durch linguistische ersetzte werden. (vgl. Wünsche 2015: 30) Beim Versuch, Theaterinszenierungen barrierefrei für taube und schwerhörige Menschen zu gestalten, muss also v.a. eine Übertragung der akustischen in visuelle linguistische Zeichen wie DGS oder DSS stattfinden.

3.3. Bedeutung der theatralen Zeichen für die Theatertranslation

Mit dem Begriff *Theatertranslation* (TT) können unterschiedliche Translationsformen im Zusammenhang mit der Institution Theater gemeint sein. Er referiert zum einen auf die Übersetzung eines Dramentextes, wobei der ursprüngliche

Ausgangstext (AT), welcher in einer bestimmten Sprache vorliegt, durch den im Translationsprozess entstandenen *Zieltext* (ZT) in einer anderen Sprache vollkommen ersetzt wird. Eine andere Anwendungsmöglichkeit der TT findet während einer Theateraufführung statt. Hierbei wird eine mehr oder weniger eingegrenzte Menge der auf der Bühne präsentierten theatralen Zeichen, AT, in eine andere Sprache, ZT, übertragen und additiv parallel zur Aufführung schriftlich, laut- oder gebärdensprachlich präsentiert. Diese Translation richtet sich an eine bestimmte Zielgruppe innerhalb des Publikums. (vgl. Griesel 2007: 69f; auch: Mälzer und Wünsche 2018: 23)

Die zweitgenannte Art der TT findet zumeist in zwei Phasen statt. Zunächst wird eine Übersetzung des AT auf Grundlage des Dramentextes bzw. dessen Strichfassung und einer Videoaufnahme einer Aufführung oder Probe der zu übersetzenden Inszenierung angefertigt. In der zweiten Phase der TT wird die Übersetzung bzw. Verdolmetschung simultan zum AT in der Aufführung präsentiert. (vgl. Wünsche 2015: 40ff) Da Theateraufführungen derselben Inszenierung z.B. durch Improvisationen, Auslassungen und unterschiedliche schauspielerische Leistung immer verschieden sind, muss die Translation soweit wie möglich an den auf der Bühne präsentierten AT angepasst werden.

Wie bereits erwähnt müssen bei einer TT für ein taubes und schwerhöriges Publikum nicht nur die linguistischen, sondern alle akustischen Zeichen in der Translation berücksichtigt werden, wobei dennoch die linguistischen Zeichen den Vorrang in der Translation erfahren. Visuelle Zeichen wie mimische und gestische Zeichen, Maske, Kostüm, Requisiten und Beleuchtung können von diesen Zielgruppen problemlos wahrgenommen werden und benötigen daher keiner Translation.

Die paralinguistischen Zeichen umfassen nach Fischer-Lichte akustisch übermittelte Laute, die keine linguistischen oder musikalischen Zeichen sind. Zu ihnen gehört die „stimmliche Qualität“ (Hillert 2005: 292), welche die Schauspieler*innen einsetzen, um Hinweise auf das Alter, Geschlecht, die körperliche Verfassung, Stimmung usw. einer Figur zu geben. Weitere paralinguistische Zeichen, die in Kombination mit linguistischen Zeichen auftreten, sind u.a. Betonung, Intonation, Akzent und Stottern. Auch schreien, husten, lachen und weinen gelten als paralinguistische Zeichen. Bei der TT für taube und schwerhörige

Menschen sollten auch diese Zeichen in die jeweilige visuelle Sprache (DGS und/oder DSS) übertragen werden. In DGS kann dies z.B. durch das Tempo oder die Gebärdengröße, bei der Theaterübertitelung durch Einblendrhythmus und -zeit oder Schriftgröße erzeugt werden.

Wenn die Übersetzung in DGS und/oder DSS einen Teil der Inszenierung ausmacht, in diese integriert und darin gleichwertig präsentiert wird, sollte die TT bereits während des Probenprozess stattfinden, damit sie zu einem ästhetischen Mittel dieser werden kann. (vgl. Mälzer und Wünsche 2018: 41) Außerdem ist es sinnvoll, Mitglieder aller Zielgruppen, in den Inszenierungs- und Produktionsprozess einzubeziehen, um auf ihre Bedürfnisse und Gewohnheiten eingehen zu können. (vgl. Ugarte Chacón 2015: 55)

4. Barrierefreiheit und Inklusion tauber und schwerhöriger Menschen im Theater

In Artikel 30 der UN-BRK wird nicht nur die barrierefreie Teilhabe von Menschen mit Behinderung am kulturellen Leben gefordert. Artikel 30 Absatz 2 besagt:

> Die Vertragsstaaten treffen geeignete Maßnahmen, um Menschen mit Behinderungen die Möglichkeit zu geben, ihr kreatives, künstlerisches und intellektuelles Potenzial zu entfalten und zu nutzen, nicht nur für sich selbst, sondern auch zur Bereicherung der Gesellschaft. (Bundesministerium für Arbeit und Soziales BMAS 2018: 26)

Hiermit wird das künstlerische Potential von Menschen mit Behinderung wertgeschätzt. Wie im Abschnitt 3.1. erläutert, wurden Menschen mit Behinderung lange vor allem als negativ auslegbare Metaphern in Theaterinszenierungen eingesetzt oder auf Stereotype über ihre Behinderung reduziert. Im inklusiven Theater, das eine *Aesthetic of Access* anstrebt, sollten demgegenüber möglichst Mitglieder aller Zielgruppen in die Produktion, Performance und Inszenierungsarbeit einbezogen werden.

Heutzutage gibt es einige Theaterinszenierungen, in denen nur Menschen mit Behinderung oder nur taube und schwerhörige Menschen auf der Bühne stehen und solche, in denen sie mit Menschen ohne Behinderung bzw. Hörenden gemeinsam spielen. Hierbei werde ich auf einige Beispiele verschiedener Theaterproduktionen und Ausbildungsstätten eingehen, um mögliches Vorgehen und die Reaktionen darauf zu veranschaulichen.

4.1. Taube und schwerhörige Schauspieler*innen

Zumeist werden Schauspieler*innen mit Behinderung vom Publikum nicht als Schauspieler*innen, sondern nur als Menschen mit Behinderung wahrgenommen. Dies passiert vor allem in Inszenierungen, in denen sich die Handlung scheinbar ausschließlich um die Behinderung dreht, wobei die „Identität des Schauspielers vollkommen in der Semantisierung aufgehen" (Ugarte Chacón 2015: 102) kann. Demgegenüber werden häufig auch Rollen von Figuren, die taub sind oder eine Behinderung haben, an hörende Schauspieler*innen ohne Behinderung vergeben, wodurch wiederum zumeist ein klischeehaftes Bild vermittelt wird. Um diese Machtstrukturen aufzubrechen ist es möglich, Menschen mit Behinderung durch Schauspieler*innen mit Behinderung ohne Klischees und Stereotype darzustellen. Eine weitere Methode ist das „impairment blind casting" (Ugarte Chacón 2015: 103), wobei Rollen unabhängig von der möglichen Behinderung, Taubheit oder Schwerhörigkeit der Schauspieler*innen vergeben werden. Hierdurch könnten Behinderungen die Besonderheit für die Zuschauer*innen ohne Behinderung verlieren. In neueren Theaterinszenierungen und Performances wird Behinderung zuweilen als „ästhetische Ressource" (Siebers 2012: 26) anerkannt, wobei die Gefühle, welche Menschen mit Behinderung auf der Bühne auslösen, nicht zurückgewiesen, sondern auf der Grundlage einer „Ästhetik der Behinderung" (Siebers 2012: 26) erarbeitet werden. Diese lehnt die Auffassung eines medizinisch gesunden Körpers als Definition für Ästhetik ab und erkennt Körper, welche traditionell als „zerbrochen" (Siebers 2012: 26) betrachtet wurden, als schön an. In der modernen Kunst wird Behinderung nicht als Mangel oder Fehler behandelt, sondern zeigt den Betrachter*innen die Diversität der Gesellschaft und hinterfragt ihre Stereotypen. In Inszenierungen des *Deaf Theatre*, also Theater von und für taube Menschen, und des *Disability Theatre*, das Theater von Menschen mit Behinderung, werden „aesthetics on the real, rather than idealized, bodies of the performers" (Kochhar-Lindgred 2006: 420) erzeugt. Wer auf der Bühne steht, verändert auch die „theatrical aesthetics“ (Kochhar-Lindgren 2006: 421). Durch die eigene Positionierung von Menschen mit und ohne Behinderung auf der Bühne wird die Auffassung, dass Menschen mit Behinderung nur passiv seien, widerlegt.

Tauben und schwerhörigen Schauspieler*innen sieht man nicht an, dass ihre sinnlichen Wahrnehmungen sich von denen der hörenden Mehrheit unterscheiden. Erst, wenn sie von einer anderen Figur angesprochen oder -gebärdet werden, können je nach Sprachnutzung in der Inszenierung die bestehenden oder fehlenden (v.a. kommunikativen) Barrieren, denen sie begegnen, erkannt werden. Bei den hörenden Zuschauer*innen, die im Alltag zumeist wenig bis keinen Kontakt zu tauben und/oder schwerhörigen Menschen haben, kann dies unterschiedliche Emotionen hervorrufen. Diese können zu einer Reflexion der eigenen Erfahrungen und einer Sensibilisierung für die Erfahrungen tauber und schwerhöriger Menschen führen. Durch die Darstellung von Beispielen für funktionierende Kommunikation zwischen tauben, schwerhörigen und hörenden Menschen, kann auch eine utopische Zukunftsvision aufzeigt werden. In Bezug auf die Nutzung einer Gebärdensprache auf der Bühne besteht allerdings die Gefahr, dass hörende, nicht-gebärdensprachkompetente Zuschauer*innen diese ausschließlich in ihrer ästhetischen Bildhaftigkeit und weniger als vollständige Sprache mit eigenständiger Grammatik anerkennen. (vgl. Ugarte Chacón 2015: 189)

Im Schauspielunterricht wird Behinderung zumeist abgelehnt, da den Student*innen beigebracht wird, ihren Körper zu kontrollieren und „eine neutrale ästhetische Erscheinung anzunehmen, die ihre Fähigkeit maximiert, jede Figur unabhängig von deren körperlichen und geistigen Attributen mit Leben zu füllen“ (Siebers 2012: 21). Es wird angenommen, dass Schauspieler*innen mit Behinderung nicht glaubwürdig eine Figur ohne Behinderung spielen könnten. Dies zeigt sich bereits darin, dass viele Schauspielschulen ein „Attest eines HNO-Arztes über Stimmgesundheit – Nachweis, dass keine gesundheitlichen Einschränkungen zur Ausübung des Schauspielstudiums vorliegen“ (Hochschule für Musik, Theater und Medien Hannover o.J.: o.S.) und ein „Attest vom Hausarzt über den allgemeinen Gesundheitszustand“ (Hochschule für Musik, Theater und Medien Hannover o.J.: o.S.) bereits bei der Bewerbung zum Studium verlangen.

Für taube und schwerhörige Menschen gibt es in Deutschland daher wie für Menschen mit körperlichen und geistigen Behinderungen kaum Möglichkeiten der schauspielerischen Ausbildung. Obwohl in der UN-BRK gefordert wird, dass Menschen mit Behinderung die Möglichkeit bekommen sollen, „ihr kreatives, künstlerisches und intellektuelles Potenzial zu entfalten und zu nutzen“ (Bundesministerium für Arbeit und Soziales BMAS 2018: 26), konzentriert sich die Umsetzung in Europa auf wenige Bildungseinrichtungen. Irmgard Merkt fordert neben den Ausbildungsmöglichkeiten für Menschen mit Behinderung unter anderem auch Arbeitsplätze, die an die Bedürfnisse der Künstler*innen mit Behinderung angepasst sind, inklusive Ensembles und wenn benötigt Assistenzen für die Künstler*innen. (vgl. Merkt 2017: 28)

In Europa existieren nur wenige explizit an taube Menschen gerichtete Schauspielausbildungen. Dazu gehören der 1992 gegründete Bakkalaureatsstudiengang „Dramatische Erziehung für Gehörlose“ (Tröger-Reders 2004: 358) an der *Janáček-Akademie* in Brünn, Tschechien und der Studiengang „BA Performance in British Sign Language and English“ (Royal Conservatoire of Scotland o.J.: o.S.) am *Royal Conservatoire of Scotland* in Glasgow, Schottland. 2018 wurde außerdem ein „Schauspielseminar für Gehörlose“ (Oltner Schauspielschule o.J.: 4) an der *Oltner Schauspielschule* in Olten, Schweiz gegründet. In Deutschland existieren mehrere theaterpädagogische Projekte und Workshops, die regelmäßig oder einmalig mit tauben, schwerhörigen und hörenden Personen gemeinsam arbeiten. Dazu zählt unter anderem der *Jugendclub TheaterPlus* des Hamburger *Ernst Deutsch Theaters*. (vgl. Ernst Deutsch Theater o.J.: o.S.)

Das Projekt *ARTplus* von *EUCREA* versucht jedoch, eine Öffnung der professionellen künstlerischen Ausbildungsstätten für Menschen mit physischen, psychischen, Lern- und Sinnesbehinderungen in Deutschland zu erreichen. Hierfür wird der Zielgruppe im Modellzeitraum von 2021 bis 2024 in Zusammenarbeit mit verschiedenen Ausbildungsstätten in vier deutschen Bundesländern eine professionelle künstlerische Ausbildung ermöglicht. Das Ziel dabei ist es, aufzuzeigen, wie inklusive künstlerische Ausbildungsmöglichkeiten außerhalb der Behindertenhilfe funktionieren können, den Künster*innen mit Behinderung eine Professionalisierung zu ermöglichen und so eine dauerhafte Teilhabe von Menschen mit Behinderung an künstlerischen Ausbildungen zu erreichen. (vgl. EUCREA o.J., o.S.)

Viele taube und schwerhörige Schauspieler*innen haben auch ohne professionelle Schauspielausbildung durch die Praxis in Theaterinszenierungen mit tauben und gemischten Ensembles Professionalität in ihrem Beruf entwickelt. Das *Deaf Theatre* hat bereits eine lange Tradition, wobei zunächst hauptsächlich Stücke von hörenden Autor*innen inszeniert wurden. Erst später begannen taube Künstler*innen in viele Arbeiten der visuellen Kunst ihre Erfahrungen der Unterdrückung als taube Person, der Gehörlosenkultur und Gebärdensprachen, sowie ihre Gefühle diesbezüglich einzuarbeiten. (Vollhaber 2012: 401)

4.2. Deaf Theatre und gemischte Theatergruppe

In den USA der 1970er Jahre entstanden mehrere Theaterstücke von tauben Autor*innen und Theatergruppen, welche einen Fokus auf Taubheit und das Taubsein legten und nun als „Deaf classics" (Kelstone und Durr 2003: o.S.) gelten. Dazu gehören z.B. *My Third Eye* vom *National Theatre of the Deaf* (NTD) und *Troubles Just Beginning – A Play of Our Own* von Dorothy Miles. In den 1980er Jahren wendeten sich die Theater der Gehörlosen wieder Stücken zu, die von hörenden Autor*innen verfasst worden waren.

Das amerikanische NTD war das erste bekannte Theater, in welchem taube und hörende Schauspieler*innen gemeinsam spielten. Die hörenden Schauspieler*innen nutzen dort sowohl Laut- als auch Gebärdensprache, während die tauben Schauspieler*innen gebärden. Die unterschiedlichen Sprachmodi werden hierbei z.T. gleichzeitig dargeboten. (vgl. Kochhar-Lindgren 2006: 422) In Deutschland gibt es relativ wenige Theatergruppen, die regelmäßig mit tauben, schwerhörigen und hörenden Schauspieler*innen arbeiten. Diese sind zumeist Laientheater oder theaterpädagogische Projekte. Hierzu gehören das 1999 gegründete *Theater-HandStand* in Freiburg im Breisgau und der bereits erwähnte *Jugendclub TheaterPlus* des *Ernst Deutsch Theaters*. (vgl. Tod 2003: 38; auch: Ernst Deutsch Theater o.J.: o.S.) Professionelle Theaterinszenierungen mit gemischten Ensembles werden eher projektweise umgesetzt, wie z.B. die Inszenierung des Stücks *Die Wut, die uns vereint* von Finegan Kruckemeyer unter der

Regie von Wera Mahne am *Schauspiel Hannover*. (vgl. Schauspiel Hannover o.J.: o.S.)

Das *Deutsche Gehörlosentheater e.V.* (DGT) ist das bekannteste professionelle Theater für taube Schauspieler*innen in Deutschland. Es wurde bereits vor über fünfzig Jahren gegründet und hat sich zum Ziel gesetzt, „dass die gehörlosen Menschen ein Theater in ihrer Sprache besuchen können und dass die gehörlosen Schauspieler aus sich herausgehen und in andere Rollen schlüpfen können“ (Deutsches Gehörlosentheater o.J.; o.S.) und dennoch sie selbst bleiben. In der letzten Produktion des DGT, *Die Hauptsache*, standen neben vier tauben Darsteller*innen auch fünf hörende auf der Bühne.

Heute bekommen marginalisierte Gruppen häufiger die Möglichkeit, sich auf Theaterbühnen zu repräsentieren, so z.B. auch Menschen mit Behinderung. Aufgrund der wenigen Ausbildungsmöglichkeiten für Schauspieler*innen mit Behinderung stehen in gemischten Theatergruppen vor allem nicht-professionelle Personen mit Behinderung mit professionellen oder nicht-professionellen Menschen ohne Behinderung auf der Bühne. Hierbei werden einerseits Laienschauspieler*innen in professionelle Theaterinszenierungen einbezogen und andererseits treten professionelle Darsteller*innen in überwiegend nicht-professionellen Theatern auf, wobei jeweils das Ensemble bereichert werden soll. Von den professionellen Schauspieler*innen wird in der Zusammenarbeit erwartet, sich zurückzunehmen, um den Fokus auf die Darsteller*innen mit Behinderung zu lenken. In anderen Projekten hingegen wird eine Gleichberechtigung der professionellen und nicht-professionellen Schauspieler*innen angestrebt, wodurch die Hierarchien zwischen ihnen verändert werden können. Dies kann z.B. in „kollektiven Probenprozessen“ (Schmidt 2012: 70) geschehen, in denen die Schauspieler*innen voneinander lernen können. Andererseits kann auch eine Konkurrenz zwischen den professionellen und nicht-professionellen Gruppenmitgliedern entstehen. Durch langjährige Erfahrung im Theater können Laienschauspieler*innen eine „darstellerische Kompetenz“ (Schmidt 2012: 69) entwickeln, die sie zu vielschichtigem Schauspiel befähigt. Dadurch ergibt sich eine Schnittstelle zwischen professionellen und nicht-professionellen Schauspieler*innen, wodurch der Zugang zum Schauspieler*innenberuf in Frage gestellt wird. Das gemeinsame Auftreten tauber und schwerhöriger Laienschauspieler*innen mit hörenden Profischauspieler*innen findet auch in vielen gemischten Theatergruppen statt. Auch einige taube und schwerhörige professionelle Schauspieler*innen (z.B. viele Schauspieler*innen des DGT), die zwar keine anerkannte Schauspielausbildung haben, gelangten durch ihre umfangreiche Theatererfahrung in die Professionalität.

In gemischten Theatergruppen und –teams aus tauben, schwerhörigen und hörenden Menschen sind die kulturellen Normen und theatralen Konventionen der Hörenden meist dominierend, wobei die Ansichten der tauben und schwerhörigen Mitglieder häufig durch die dominante hörende Mehrheit übergangen werden. Daher kann bereits die Wahl, welche Sprache(n) in einer Inszenierung mit einem gemischten Team genutzt werden, „als ein Politikum aufgefasst werden" (Ugarte Chacón 2015: 101).

In der Arbeit mit einer Gebärdensprache auf der Bühne sollten der*die Regisseur*in und die Schauspieler*innen bereits ein „understanding of the physical qualities" (Ruebhausen 1996: 175) der jeweiligen Gebärdensprache haben. Denn bei der Inszenierungsarbeit sollte beachtet werden, dass bei Schauspieler*innen, welche die Gebärdensprache auf der Bühne nutzen, das Gesicht, die Hände, Arme und der Oberkörper für die Kommunikation auf jeden Fall sichtbar sein müssen. Außerdem müssen die Bewegungsabläufe der Schauspieler*innen auf der Bühne koordiniert werden, damit niemand die Gebärden einer anderen Figur für die Sicht des Publikums verdeckt. Über Beleuchtung, Ausrichtung und Körperhaltung des*der gebärdenden Schauspieler*in kann auch ein Fokus auf diese*n kreiert werden. (vgl. Ruebhausen 1996: 182ff) Wenn der*die Regisseur*in die jeweilige Gebärdensprache aber nicht oder nur teilweise beherrscht, liegt eine große Verantwortung bei den gebärdensprachkompetenten Schauspieler*innen, da sie dann häufig ihr Sprachwissen in das Theaterprojekt einbringen müssen. Auch durch dieses Einbringen des Wissens der Laienschauspieler*innen werden die Hierarchien in Gruppen mit professionellen und nicht-professionellen Darsteller*innen verändert. (vgl. Schmidt 2012: 70f) Problematisch ist hierbei, dass der*die Regisseur*in durch die mangelnde Kenntnis der Gebärdensprache die ästhetischen Möglichkeiten dieser nicht ausreichend berücksichtigen könnte und die Verantwortung für die richtige Ausführung vollständig bei den tauben und gebärdensprachkompetenten Schauspieler*innen liegt.

In Teams, an denen taube gebärdensprachkompetente und hörende nicht-gebärdensprachkompetente Menschen beteiligt sind, empfehlen Hendrik Dangschat und Kathi Ender für eine gelingende Kommunikation GSD einzusetzen und bestimmte Kommunikationsrichtlinien festzulegen. Es ist auch sinnvoll, dass die hörenden Teilnehmer*innen selbst gebärden lernen und sich in direkter Kommunikation mit tauben Menschen bemühen, wenn kein*e GSD anwesend ist und sie noch nicht viele Gebärden kennen, ihren Körper, ihre Hände und Mimik zur Unterstützung der Aussage zu nutzen. Nehmen auch schwerhörige und ertaubte Personen teil, muss individuell auf weitere Kommunikationstechniken wie deutliches, langsames Sprechen mit Halten des Blickkontakts, ein mit den Hörgeräten verbundenes Mikrophon, Lautsprachbegleitende (LBG) bzw. Lautsprachunterstützende Gebärden (LUG) oder Schriftsprachverdolmetschung zurückgegriffen werden. In allen Fällen sollte auf gute Beleuchtung geachtet werden. (vgl. Österreichische Schwerhörigen Selbsthilfe o.J.: o.S. auch: Dangschat und Ender o.J.: 4ff)

Im Theater der Hörenden ist es während der Proben üblich, schnell und häufig durcheinander zu diskutieren. Sind auch taube und schwerhörige Menschen beteiligt, muss auf sie Rücksicht genommen werden. Es ist sinnvoll, nicht gleichzeitig, sondern nacheinander zu sprechen, da schwerhörige Menschen und die GSD sonst unmöglich alle sprachlichen Äußerungen wahrnehmen bzw. verdolmetschen können. Es sollte auch darauf geachtet werden, dass private Gespräche nicht ausschließlich in Lautsprache geführt werden, wenn eine taube Person, aber kein*e GSD anwesend ist. (vgl. Schreyer Duarte 2012: 499)

Besonders angenehm ist es für viele taube Menschen, wenn die anderen Projektmitglieder selbst die jeweilige Gebärdensprache sprechen oder lernen und direkt ohne GSD mit ihnen kommunizieren können. Daher wird in einigen Theaterprojekten bereits vor oder während des Probenprozesses von den bisher nicht-gebärdensprachkompetenten Teilnehmer*innen Gebärdensprachunterricht genommen. Die fünf Gründungsmitglieder der Hildesheimer Theatergruppe *VOLL:MILCH* nahmen z.B. bereits vor der Inszenierungsarbeit zu ihrer laut- und gebärdensprachlichen Inszenierung „ “ (Gebärdensprachlicher Titel siehe Abb. 3) im Jahr 2015 an einem DGS-Kurs beim ebenfalls beteiligten tauben Laienschauspieler teil. Zusätzlich waren zwei hörende DGS-kompetente Laienschauspielerinnen an der Inszenierung beteiligt, welche die Kommunikation zusätzlich unterstützten. (vgl. VOLL:MILCH 2015: o.S.; auch: Interview TW; 21-34) Im Ensemble der letzten Inszenierung des DGT, *Die Hauptsache*, spielten vier taube, DGS-kompetente und fünf hörende Schauspieler*innen, die zuvor keine DGS-Kenntnisse hatten, mit. Während der Probenphase gaben die tauben Schauspieler*innen den hörenden DGS-Unterricht, sodass sie sich im Laufe der Zeit immer besser direkt unterhalten konnten. Ohne GSD liefen die Proben dennoch nicht ab. (Kiok 2019: 23f) Beim deutsch-französischen Begegnungsprojekt *Diskriminierung und Theater*, an dem taube und hörende Menschen aus Frankreich und Deutschland teilnahmen, waren zwar auch Dolmetscher*innen anwesend, aber „[i]m Fokus stand die bewusste Wahrnehmung und Nutzung des eigenen Körpers [der Beteiligten], wodurch neue Ausdrucks- und Kommunikationsformen entstehen konnten“ (Blitz 2012: 174), welche sehr visuell waren.

Die Strategien und Anteile der Sprachnutzung in Inszenierungen mit tauben, schwerhörigen und hörenden Beteiligten unterscheiden sich nach Theatergruppe und Inszenierung. So wurde in der internationalen Theaterinszenierung *To A Flame* in Kanada versucht, eine „bewusste Umkehrung der üblichen Informationsvergabe zu erzielen“ (Schreyer Duarte 2012: 496). Taube Menschen sollten zu 90 % des Aufführungstextes Zugang haben, Hörende nicht-gebärdensprachkompetente aber nur zu 60 %. Dass auch die hörenden Schauspielerinnen in dieser Inszenierung die Amerikanische Gebärdensprache (ASL) verwendeten, wurde von der Dramaturin Birgit Schreyer Duarte als „entscheidender Schritt der Annäherung unserer beiden Sprachgemeinschaften“ (Schreyer Duarte 2012: 497) angesehen. Die gemeinsame Arbeit beschrieb eine der hörenden Schauspielerinnen durch das Befassen mit Sprache, Kultur und *access* als politisch, wodurch in Diskussionen und Proben immer wieder Fragen aufkamen, die sich jede*r der Beteiligten stelle. Sie hinterfragten ihre eigene vermeintliche Offenheit anderen Kulturen gegenüber und ihre eigenen Vorurteile gegenüber anderen. Da viele der Hörenden noch nie mit tauben Menschen Gespräche geführt hatten, waren ihnen viele alltägliche Probleme tauber Menschen wenig bewusst und sie sorgten sich, etwas Falsches zu sagen oder zu tun. Die taube Schauspielerin Dawn Jani Birley berichtete daher von eigenen Erfahrungen, von geschichtlichen Informationen über die Situation tauber Menschen in Kanada und von Meldungen aus der aktuellen Politik und Forschungsergebnissen. Durch diese Auseinandersetzung mit einer Gebärdensprache und Gehörlosenkultur konnten die hörenden Schauspieler*innen und Teammitglieder ein besseres Verständnis für die gesellschaftliche und soziale Situation tauber Menschen entwickeln.

4.3. Text und Übersetzung

Wer den Text für ein Theaterprojekt mit tauben, schwerhörigen und hörenden Beteiligten schreibt bzw. bearbeitet, nimmt Einfluss darauf, wie zugänglich die Inszenierung für die Zuschauer*innen wird. Ob ein*e Autor*in taub, schwerhörig oder hörend ist und Erfahrungen mit Mitgliedern aller Zielgruppen hat wird deutlich, wenn es in der Inszenierung direkt um die Situation und die Erfahrungen tauber und schwerhöriger Menschen gehen soll. Hierbei stellt sich auch das „Problem der ‚appropriation of voices', also der ‚Aneignung der Stimmen' (oder Geschichten) anderer" (Schreyer Duarte 2012: 499). In diesem Zusammenhang ergibt sich auch die Frage, wer den Theatertext dann in eine Gebärdensprache übersetzen kann und darf. Dies hängt sicher auch davon ab, ob die Gebärdensprache in der Inszenierung besonders poetisch, alltagssprachlich, grammatikalisch korrekt sein oder eine bestimmte regionale Variante genutzt werden soll. So wurden im Deaf Theatre sowie in gemischten Theatergruppen bereits verschiedene Ansätze erprobt. Einige verfolgen den Anspruch einen dramatischen „Text in möglichst exakte DGS zu übersetzen" (Vollhaber 2019: 208), wie bei der Inszenierung von *Ein Sommernachtstraum* nach William Shakespeare der Gruppe *Possible World*, in welcher die Übersetzung von tauben Gruppenmitgliedern durchgeführt wird. In anderen Projekten geht es demgegenüber um einen experimentellen Umgang mit der DGS auf der Bühne, wie in der Inszenierung von *Frühling Erwache!* nach Frank Wedekind und Nuran David Calis derselben Theatergruppe. In der Inszenierung *Eine Weihnachtsgeschichte* am *Theater im OP* der Universität Göttingen wurde eine Übersetzung durch taube Mitarbeiter*innen einer Übersetzungsfirma erstellt und mithilfe einer tauben Göttingerin an den regionalen Dialekt der DGS angepasst. Bei der Inszenierung *Die Hauptsache* des DGT wurde die Übersetzung von zwei tauben GSD erstellt.

Während der Probenarbeit gab es einige Diskussionen, welche dialektale Form einer Gebärde in der Inszenierung verwendet werden sollte. Der Regisseur und die Schauspieler*innen „einigten sich in den meisten Fällen auf die Berliner Version" (Lutz 2019: o.S.). Ein tauber Gebärdencoach unterstützte die tauben Schauspieler*innen beim Erlernen der Texte und erklärte ihnen, dass sie als Schauspieler*innen nicht nur ihre Körper-, sondern auch ihre Gebärdensprache an ihre Rolle anpassen müssen. (vgl. Sehen statt Hören 2019: o.S.)

4.4. Accessibility im Theater

Weiter verbreitet als die Einbeziehung tauber und schwerhöriger Menschen in die Inszenierungsprozesse oder Theaterensemble ist bisher die Hinzusetzung von Accessibility-Maßnahmen zu bereits bestehenden lautsprachlichen Inszenierungen. Um das potentielle taube und schwerhörige Publikum auf das Angebot einer ihnen zugänglichen Aufführung aufmerksam zu machen, ihnen einen barrierefreien Zugang zur Veranstaltung und zum Theatergebäude, sowie ihre Sicherheit darin zu gewährleisten, sollten ebenfalls Accessibility-Maßnahmen ergriffen werden. Diese Vorkehrungen gelten sowohl für zugänglich gemachte Aufführungen als auch bereits zugänglich inszenierte.

4.4.1. Accessibility-Maßnahmen um die Aufführung herum

Werbematerialien sollten mit den notwenigen Informationen für taube und schwerhörige Menschen und in einem für sie zugänglichen Format (z.B. DGS-Video, Leichte Sprache) veröffentlicht, sowie gezielt in Bereichen der Gemeinschaften (z.B. Gehörlosen- und Schwerhörigenvereine) verbreitet werden. Auch der Kartenverkauf muss auf eine für alle Zielgruppen zugängliche Weise (z.B. Online-Ticketing) sichergestellt werden. Die Mitarbeiter*innen des Theaters sollten im Vorhinein über die Kommunikationswege mit tauben und schwerhörigen Menschen informiert werden und wenn möglich etwas Gebärden und das Fingeralphabet lernen, um einen möglichst barrierefreien Zugang zum Theater für sie zu ermöglichen. (vgl. Ruebhausen 1996: 102f & 111ff)

Zur besseren Orientierung im Theatergebäude sind gut sichtbare Schilder mit kurzen Aufschriften oder Bildern und eine gute Beleuchtung von Nutzen. Außerdem ist es hilfreich, wenn die Mitarbeiter*innen Namensschilder tragen, die auch darüber Auskunft geben, ob sie gebärdensprachkompetent sind oder nicht. (vgl. Ruebhausen 1996: 104f)

Um den Zuschauer*innen das inhaltliche Verstehen der Inszenierung zu erleichtern, ist es sinnvoll, ein Programmheft auszuhändigen, welches neben einer Synopsis auch z.B. die Namengebärden der Figuren und (wenn nötig) die Positionen der GSD beinhaltet. (vgl. Ruebhausen 1996: 108) Auch eine gebärden- und lautsprachliche Einführung ist eine sinnvolle Accessiblity-Maßnahme. Für schwerhörige Zuschauer*innen mit Hörgerät und Cochlea-Implantat-Träger*innen ist ebenfalls eine Information, ob das Theater über eine Induktive Höranlage oder Funkübertragungsanlage verfügt, hilfreich.

Wenn auf der Bühne eine Gebärdensprache und/oder Übertitel verwendet werden, müssen zusätzliche Maßnahmen ergriffen werden, damit diese für das Publikum möglichst gut sichtbar sind. Bei der Sitzplatzvergabe sollte bedacht werden, von wo aus die tauben und schwerhörigen Menschen die beste Sicht auf die Gebärden auf der Bühne bzw. die Bühne und die Dolmetscher*innen oder Übertitelung haben. Außerdem sollte im Bereich des Bühnenbildes z.B. beachtet werden, dass die Sichtlinien der tauben und schwerhörigen Zuschauer auf die gebärdende Person auf der Bühne und die Übertiteltafeln bzw. Projektionen ins Bühnenbild frei bleiben und gebärdensprachliche Äußerungen durch Handrequisiten nicht behindert werden. Auch beim Kostümbild muss darauf geachtet werden, dass die Kostüme nicht durch Muster, Farbgebung o.ä. von den Gebärden ablenken oder die Sichtbarkeit der Gebärden und Beweglichkeit der Hände, Arme und des Oberkörpers einschränken. Außerdem dürfen Haar, Makeup, Hüte, Masken usw. das Gesicht der gebärdenden Person nicht verdecken, da Mimik ein wichtiger Bestandteil der Gebärdensprachen ist. Auch das Licht sollte nicht die Sichtbarkeit der Gebärden einschränken. Wenn Soundeffekte zur Vermittlung der theatralen Inhalte genutzt werden, ist es für taube und schwerhörige Zuschauer*innen hilfreich, sie zu visualisieren oder taktil wahrnehmbar zu machen. (vgl. Ruebhausen 1996: 134ff)

Für die Sicherheit der tauben und schwerhörigen Zuschauer*innen ist es ebenfalls wichtig, das Warnsystem für Notfälle auch visuell oder taktil wahrnehmbar zu machen.

Im angelsächsischen Raum werden Accessibility-Maßnahmen wie Gebärdensprachverdolmetschung, intralinguale Theaterübertitel und Induktive Höranlagen bereits an vielen Theatern regelmäßig eingesetzt. In Deutschland hingegen blieb die Nutzung bisher sehr überschaubar. Nur an wenigen deutschen Theatern wie dem *Hans Otto Theater* in Potsdam und dem *Ernst Deutsch Theater* in Hamburg werden regelmäßig Aufführungen durch GSD begleitet. (vgl. Blumenauer 2016: 377)

Da in der von mir untersuchten Inszenierung vor allem die Gebärdensprachverdolmetschung und die Theaterübertitelung eine wichtige Rolle spielen, werde ich auf diese Accessibility-Maßnahmen nun genauer eingehen.

4.4.2. Gebärdensprachdolmetschen als Accessibility-Maßnahme

Wenn ein Theaterstück ursprünglich für ein hörendes Publikum inszeniert wurde, aber für eine oder mehrere Aufführungen auch einem tauben Publikum zugänglich gemacht werden soll, werden für gewöhnlich GSD eingesetzt.

Die TT verläuft hierbei zweiphasig. Im Vorfeld zu den verdolmetschten Aufführungen erstellen die GSD häufig eine Übersetzung des AT. Hierbei muss u.a. bei lautsprachtypischen Redewendungen überlegt werden, wie diese in der jeweiligen Gebärdensprache ausgedrückt werden können, da viele keine direkte Entsprechung haben. In der zweiten Phase wird die vorbereitete Übersetzung während der Vorstellung simultan an den gesprochenen Aufführungstext angepasst, da es durch den Live-Charakter der Aufführung zu Veränderung im Ablauf oder Improvisationen kommen kann. Man kann daher nicht eindeutig von einer Übersetzung oder Verdolmetschung sprechen. (vgl. Wünsche 2015: 45f) Durch die Übertragung des Textes liegt der sprachliche Inhalt sowohl in Laut- als auch Gebärdensprache vor, wobei der Fokus auf das inhaltliche Verständnis gelegt und das Performative weniger bis keine Berücksichtigung erfährt. (vgl. Ugarte Chacón 2015: 161f) Der Einsatz von GSD kann allerdings auch zur Sensibilisierung der hörenden Zuschauer*innen für die Bedürfnisse und Situation tauber und schwerhöriger Menschen beitragen, demonstriert zudem eine Anerkennung der Gebärdensprache und präsentiert deren ästhetische Ausdruckskraft. (vgl. Gerlach und Hillert 2014: 187)

Unterschiedliche Platzierungen der GSD können Einfluss auf den Probenablauf, das Bild auf der Bühne und das Genussempfinden der Zuschauer*innen nehmen.

Die am wenigsten aufwendige Form ist das *platform interpreting*, bei welcher ein*e oder zwei schwarz gekleidete GSD am Bühnenrand oder vor der Bühne stehen. Ein Problem hierbei besteht darin, dass die auf die Verdolmetschung angewiesenen Personen immer wieder zwischen dem Geschehen auf der Bühne und der Verdolmetschung am Bühnenrand hin und her sehen müssen, was einen „'ping-pong' effect" (Gebron 1996: 17) erzeugt. Dadurch entgehen ihnen immer wieder Dialog- oder Handlungselemente. Auch auseinanderzuhalten, welche*r GSD momentan welche Figur dolmetscht, kann eine Herausforderung darstellen.

Beim *sightline interpreting* werden die GSD etwas strategischer auf oder neben der Bühne platziert, sodass die ebenfalls an einem bestimmten Ort im Publikum platzierten, auf die Gebärden angewiesenen Zuschauer*innen einen guten Blick sowohl auf die Bühnenhandlung als auch die GSD haben. (vgl. Gebron 1996: 20)

Die Bühne wird beim *zone interpreting* in zwei oder mehrere Zonen aufgeteilt, für welche jeweils ein*e GSD zuständig ist. Diese*r darf sich innerhalb der Zone frei bewegen, um so nah wie möglich an der Handlung zu sein. Der*die GSD einer bestimmten Zone übernimmt jeweils die Textzeilen der Schauspieler*innen, die sich im Moment der Äußerung in dieser Zone befinden. Dies kann allerdings zu Verwirrung im tauben und schwerhörigen Publikum führen. (vgl. Gebron 1996: 21)

Beim *shadow interpreting* werden die GSD durch Platzierung, Kostümierung, Bewegung und Gebärdenstil in die Aufführung integriert. Sie halten sich so nah wie möglich bei der Figur auf, die sie dolmetschen und ahmen zum Teil auch deren Handlungen nach. Dies benötigt viel Probenzeit, ist aber für das Publikum angenehmer anzusehen. (vgl. Gebron 1996: 22f)

Beim *character interpreting* ist der*die GSD selbst eine Figur in der Inszenierung. Zumeist wird er*sie in einer kleinen Rolle besetzt, sodass er*sie den Text der anderen Figuren verdolmetschen kann. Hierfür muss er*sie von Beginn des Probenprozesses an dabei sein und bekommt ein Kostüm wie andere Figuren. (vgl. Ruebhausen 1996: 162)

Erfahrene GSD im Theater begnügen sich nicht damit, nur die linguistisch theatralen Zeichen in eine Gebärdensprache zu übertragen. Die vom tauben und z.T. schwerhörigen Publikum nicht wahrnehmbaren paralinguistischen Zeichen, Musik und Geräusche, beziehen sie ebenso in ihre Verdolmetschung ein. Um u.a. die stimmliche Qualität einer Figur, linguistische Zeichen begleitende Zeichen (z.B. Pausen, Intonation und Akzent) oder paralinguistische Zeichen (z.B. lachen, schreien und weinen) wiederzugeben, kann ein*e GSD z.B. das Tempo seiner*ihrer Gebärden verändern, groß oder klein gebärden und über die Mimik die Stimmung der sprechenden Figur wiedergeben. Dafür brauchen sie laut Gudrun Hillert auch ein gewisses Maß an schauspielerischem Talent, da die GSD nicht wie Fremdkörper auf der Bühne wirken sollten. (vgl. Hillert 2005: 292)

Der Anteil tauber Menschen, die Interesse am Theater haben, ist ungefähr so niedrig wie bei den hörenden Menschen. Da sie zusätzlich einen sehr geringen Prozentsatz der Gesamtbevölkerung ausmachen, nehmen bisher relativ wenige taube Theaterbesucher*innen die Gebärdensprachverdolmetschung im Theater in Anspruch. Bei den Förder*innen vorzulegende quantitative Beweise der Notwendigkeit solcher Accessibility-Maßnahmen sind für die meisten Theater daher schwer zu erbringen. Doch gerade die qualitativen Rückmeldungen der Theaterbesucher*innen sind für die Theater Beweis für die Wichtigkeit des Einsatzes der Maßnahmen und für die Verfeinerung der Arbeit der GSD von Bedeutung. (vgl. Hillert 2005: 284ff) In einer Umfrage von Mareike Soßdorf (2012: o.S.) bestätigten taube und schwerhörige DGS-kompetente Umfrageteilnehmer*innen, dass sie bei in DGS verdolmetschten Veranstaltungen „die Infos leichter aufnehmen“ können. Vor allem schwerhörige, aber auch taube Teilnehmer*innen, die keine DGS nutzen, beklagten sich aber über den ausschließenden Charakter gebärdensprachverdolmetschter Veranstaltungen und wünschten sich mehr Unter- bzw. Übertitelung für Film, Fernsehen und Veranstaltungen.

4.4.3. Theaterübertitelung als Accessibility-Maßnahme

Übertitel im Theater wurden seit den 1980er Jahren hauptsächlich eingesetzt, um fremdsprachige Theateraufführungen für ein zielsprachiges Publikum zu übertragen. Sie finden bis heute vor allem in Opernhäusern, auf Theaterfestivals und in Theaterhäusern, die auf Gastspiele spezialisiert sind, Anwendung. Der in einer Lautsprache geäußerte AT auf der Bühne wird hierbei in einen anderssprachigen schriftlichen ZT umgewandelt und parallel zum AT präsentiert. Dies kann durch „offene Übertitel" z.B. auf Tafeln oder Leinwänden über oder seitlich der Bühne, aber auch durch „geschlossene Übertitel" (Blumenauer 2016: 379), welche auf individuelle mobile Endgeräte (z.B. Smartphones oder Smartglasses) übertragen werden, erfolgen.

Der Übertitelungsprozess verläuft zweiphasig. Zunächst werden auf der Grundlage des Dramentextes oder dessen Strichfassung und unter Zuhilfenahme der Videoaufnahme einer Aufführung oder Probe die Übertitel erstellt. Da Theateraufführungen live präsentiert werden und sich nie vollkommen gleichen, müssen die erstellten Übertitel auch live zur Aufführung präsentiert und ihr Einblendrhythmus an den Rhythmus der lautsprachlichen Äußerungen angepasst werden. Diese zweite Phase der Übertitelung wird in Fachjargon „Fahren der Übertitel" (Griesel 2007: 59) genannt. Hierbei besteht nur in geringem Maß die Möglichkeit, u.a. bei Improvisationen der Schauspieler*innen Korrekturen vorzunehmen, indem z.B. ein Übertitel übersprungen wird.

Da taube und schwerhörige Menschen die akustischen Zeichen einer Aufführung nicht oder nur bedingt wahrnehmen können, ist bei der Übertitelung für ein taubes und schwerhöriges Publikum weiterhin zu beachten, dass auch akustische Elemente wie Musik, bedeutungstragende Geräusche und paraverbale Zeichen in die Übertitelung mit einbezogen und in Schriftzeichen übertragen werden. Da der Abstand zwischen der Bühne und dem Publikum im Theater relativ groß ist und die Mundbewegungen nicht immer erkannt werden können, ist es außerdem sinnvoll, im Übertitel deutlich zu machen, welche Figur gerade spricht. Dies kann z.B. durch Farben oder den Figurennamen in Klammern markiert werden, da eine Platzierung der Übertitel oberhalb der sprechenden Figur zumeist schwer zu realisieren ist. In Deutschland wird eine solche Übertitelungsweise allerdings noch wenig eingesetzt. (vgl. Mälzer und Wünsche 2018: 12)

Da bei der Unter- und Übertitelung für taube und schwerhörige Menschen von einer Lautsprache in das schriftliche Zeichensystem der gleichen Sprache übersetzt wird, wird hierbei häufig nicht von einer *interlingualen*, sondern von einer *intralingualen* Translation gesprochen. Die Titel beinhalten allerdings neben der Translation der linguistischen Zeichen auf der Bühne auch eine Übertragung anderer akustischer Zeichen in die Schriftsprache. Darum wird diese Art der Unter- und Übertitelung auch als *intrasemiotische* Übersetzung bezeichnet. Nathalie Mälzer und Maria Wünsche hinterfragen, „ob es sinnvoll ist, lautsprachliche Zeichen, also Phoneme, und schriftsprachliche Zeichen, Grapheme, auf derselben semiotischen Ebene anzusiedeln“ (Mälzer und Wünsche 2018: 24). Sie schlagen daher den Begriff der *additiven intersemiotischen Translation* vor.

Im Gegensatz zu den Accessibility-Maßnahmen der Gebärdensprachverdolmetschung, welche taube und schwerhörige Personen, die keine Gebärdensprache gelernt haben, ausschließt und einer Induktionsschleife, die tauben Menschen ohne Hörhilfe nicht zugänglich ist, hält Mälzer (2018: 3) die Schriftsprache und somit die Theaterübertitelung für den „gemeinsamen Nenner der Kommunikation“, der für alle Zielgruppen zugänglich sei.

Es ist aber zu bedenken, dass viele taube und schwerhörige Personen aufgrund der Art ihrer Beschulung eine geringere Lesekompetenz haben als die meisten hörenden Menschen ihrer Altersgruppe. Diese geringere Lesekompetenz ist historisch begründet. Seit dem Mailänder Kongress im Jahr 1880 war die Nutzung von Gebärdensprachen im Unterricht für taube Kinder und Jugendliche in Europa verboten. Lange Zeit war daher eine gute Lausprachkompetenz das Hauptziel der *Hörgeschädigtenpädagogik*, weshalb weniger Zeit auf die Vermittlung anderer Bereiche verwendet wurde. Durch die Entwicklung technischer Hörhilfen setzte sich in den 1980er Jahren die „aurale oder hörgerichtete Methode“ (Hennies 2019: 205) durch, bei welcher die Kinder die Lautsprache über ihr technisch zugänglich gemachtes Gehör erlernen sollen. Der Lautspracherwerb bleibt aber mit beiden Methoden störanfällig und verzögert. Da die meisten tauben Kinder hörende Eltern haben, welche keine Gebärdensprache beherrschen, setzt ihr Erstspracherwerb[4] i.d.R. erst verzögert durch den Erwerb einer Gebärdensprache durch Mitschüler*innen, mittlerweile z.T. auch im Schulunter-

[4] Der natürliche, ungesteuerte Spracherwerb erfolgt bei Kindern durch den Kontakt mit Sprecher*innen einer Sprache (z.B. Familie und Freunde). „In der Sprachwissenschaft unterscheidet man zwischen Erst-, Zweit-, Drittsprache usw. Diese werden oft als L1, L2, L3 bezeichnet (L steht für ‚language‘). Die Bezeichnung „Erstsprache“ ist sinnvoller als „Muttersprache“, weil die erste Sprache eines Kindes oft nicht die Sprache der Mutter oder des Vaters ist.“ (Krausneker et al. 2007: 2)

richt ein. „Der Erwerb einer Erstsprache ist Voraussetzung für das Erlernen weiterer Sprachen" (Krausneker et al. 2007: 3) wie einer Schriftsprache. Der *Stanford Achievement Test*, mit dem in regelmäßigen Abständen u.a. die Lesekompetenz nordamerikanischer Schüler*innen im Alter von acht bis achtzehn Jahren aufgezeichnet wird, ergab, dass prälingual taube und schwerhörige Schüler*innen durchschnittlich Ergebnisse erzielen, die mehrere Schulgrade unter hörenden Gleichaltrigen liegen. (vgl. Mitchell und Karchmer 2010: 23) In mehreren Studien wurde nachgewiesen, dass eine höhere Gebärdensprachkompetenz bei tauben Menschen zu einer besseren Schriftsprachkompetenz führt.[5] Dies beweist, dass der bessere Erwerb einer Erstsprache auch zu einer besseren Lesekompetenz tauber und schwerhöriger Schüler*innen führt. Da die Hörgeschädigtenpädagogik in Deutschland aber keineswegs einheitlich ist und nur in vereinzelten Schulen der „manuelle Ansatz" (Borgwardt 2012: 381) mit dem bilingualen Einsatz von DGS und Deutsch als Unterrichtssprachen genutzt wird, weist die Lesekompetenz tauber und schwerhöriger Menschen immer noch eine große Diversität auf. Hinzu kommen die Personen, die erst nach dem Erst- und Schriftspracherwerb ertaubt oder schwerhörig geworden sind und daher weniger Schwierigkeiten beim Lesen haben. Da in Deutschland rund 15 Millionen schwerhörige oder taube Menschen leben und viele davon über keine oder geringe Gebärdensprachkompetenz verfügen, ist die intersemiotische Theaterübertitelung eine wichtige Methode, um ihnen einen Zugang zu lautsprachlichem Theater zu ermöglichen. (vgl. Dangschat und Ender o.J.: 10)

Die Übertitelung im Theater muss funktionale Aspekte berücksichtigen, weshalb z.T. Kürzungen notwendig sind, damit die Übertitel synchron zur Bühnenhandlung präsentiert und auch von Menschen mit geringer Lesekompetenz rechtzeitig rezipiert werden können. Andererseits müssen sie auch der Literarizität des möglicherweise bekannten zugrunde liegenden Dramentextes Rechnung tragen. Der Originaldramentext kann Teilen des Publikums wörtlich bekannt

[5] Z.B. Hermans, Daan/ Knoors, Harry/ Ormel, Ellen/ Verhoeven Ludo: The Relationship Between the Reading and Signing Skills of Deaf Children in Bilingual Education Programs. In: The Journal of Deaf Studies and Deaf Education. Volume 13, Issue 4. Oxford 2008. S. 518-530. für NGT und: Chamberlain, Charlene/ Mayberry, Rachel: Theorizing About the Relations Between American Sign Language and Reading. In: Chamberlain, Charlene/ Morford, Jill/ Mayberry, Rachel: Language Acquisition by Eye. New York, London 2000. S. 221-259. für ASL

sein und Abweichungen vom lautsprachlich geäußerten Text können z.B. für schwerhörige Personen bevormundend wirken. (vgl. Griesel 2007: 43; auch Wünsche 2015: 42) Bei der Untertitelung von Film und Fernsehen bevorzugen auch taube Zuschauer*innen eine wörtliche Untertitelung. Hieraus können sie einen „Lerneffekt ziehen, was ihnen erlaubt, ihre Sprachkompetenz zu verbessern" (Méan 2011: 25).

4.4.4. Kritik an den Accessibility-Maßnahmen

Die Nutzung von Accessibility-Maßnahmen, um eine Theaterinszenierung für taube und schwerhörige Zuschauer*innen zugänglich zu machen, bezeichnet Ugarte Chacón als „‚technokratischen' Ansatz" (Ugarte Chacón 2020: 35), da der Fokus hierbei auf technischen Hilfsmitteln zur Erzeugung der Barrierefreiheit liegt. Kritisiert wird an diesem Ansatz unter anderem, dass das taube und schwerhörige Publikum durch ein einfaches Hinzufügen einer Übersetzung (z.B. durch GSD oder Übertitelung) einen Nachteil gegenüber den hörenden Zuschauer*innen erfährt. Übersetzungen von Theateraufführungen bleiben immer unvollständig und durch die nachträglich hinzugefügten Accessibility-Maßnahmen werden eher sprachliche, funktionale Elemente übertragen, als eine ebenso ästhetische Wirkung wie durch die ursprüngliche Inszenierung erzeugt.

Ein weiterer Kritikpunkt bezieht sich auf die „Hierarchisierung der Publika" (Ugarte Chacón 2020: 35). Die Accessiblity-Maßnahmen richtet sich explizit an diejenigen Zuschauer*innen, welche die akustischen Elemente der Aufführung ohne diese aufgrund ihrer Taubheit oder Schwerhörigkeit nicht oder nur bedingt wahrnehmen und die Handlung verstehen könnten. Die AS der Theateraufführung bleibt trotz der Hinzufügung von Übersetzungen die Lautsprache. (vgl. Wünsche 2015: 14) Dies führt zu einer „Publikumsspaltung" (Griesel 2007: 19). Im Fall der Übertitelung für die tauben und schwerhörigen Publikumsteile gibt es hörende Personen, die der Inszenierung ohne zusätzliche Maßnahmen folgen können, schwerhörige Menschen, welche die lautsprachlichen Äußerungen zwar z.T. wahrnehmen können, die Übertitelung zum Verständnis des Inhalts aber benötigen und taube Personen, die auf die Übertragung der Laut- in die Schriftsprache angewiesen sind, um dem Inhalt der Inszenierung folgen zu können. Es findet also durchgängig eine Übertragung aus der akustisch wahrnehmbaren AS in die visuell wahrnehmbare ZS statt, wodurch die geläufige Hierarchisierung der Lautsprache über die Schrift- und Gebärdensprache reproduziert wird.

Besonders durch die Nutzung der geschlossenen Übertitelung durch individuelle mobile Endgeräte und die Platzierung der tauben und schwerhörigen Publikumsteile im Zuschauerraum für eine bessere Sicht auf die GSD, wird deren Bedürfnis für die Accessibility-Maßnahmen nach außen sichtbar gemacht, was wiederum zu einer Ab- und Ausgrenzung dieser Personen führen kann. (vgl. Blumenauer 2016: 379)

Laut Ugarte Chacón basiert der technokratische Ansatz auf der

> implizite[n] Vorstellung, dass im Theater jede Bedeutung im Vorfeld feststeht und während der Aufführung vermittelt wird, dass sie sprachlich strukturiert ist und dass sie mehr oder weniger vollständig in eine andere Sprache übertragbar ist. (Ugarte Chacón 2020: 36)

Dies ist aber nicht der Fall, da Bedeutung auch durch die Wahrnehmungen und Interpretationen der einzelnen Zuschauer*innen subjektiv entsteht. Theateraufführungen können beim Publikum „ästhetische Erfahrungen" (Ugarte Chacón 2020: 36), welche mit dem sinnlichen Wahrnehmen verbunden sind, erzeugen. Der technokratische Ansatz erhält bestehende Hierarchien im tauben, schwerhörigen und hörenden Publikum bei und intensiviert diese durch die vernachlässigte Reflexion der gesellschaftlichen Machtstrukturen und die fehlende Nutzung des „subversiven Potenzial des Theaters" (Ugarte Chacón 2020: 37).

Obwohl die beschriebenen Accessiblity-Maßnahmen durchaus in der Lage sind, eine Theaterinszenierung Hörender auch für ein taubes und schwerhöriges Publikum zu öffnen und somit keinesfalls vernachlässigt werden sollten, stellen sie wie dargelegt keine inklusive Methode dar. Damit eine Inszenierung inklusiv ist, müssten alle Zielgruppen mit in den Inszenierungsprozess einbezogen und die Accessibility-Maßnahmen, Übertitelung und Gebärdensprache durch Aesthetics of Access kreativ als integraler Bestandteil der Inszenierung eingesetzt werden, sodass durch die Gleichberechtigung der Sprachen eine inklusive Wirkung erzeugt wird. (vgl. Mälzer und Wünsche 2018: 34)

4.5. Aesthetics of Access

Im Sinne der Inklusion von Menschen mit Sinnesbeeinträchtigung gibt es Theaterschaffende, welche Mitglieder aller Zielgruppen und Accessibility-Maßnahmen schon in den Inszenierungsprozess mit einbinden, wodurch auch die Ästhetik dieser und somit „das, was man empfindet: die Atmosphäre" (Böhme 1995: 15) beeinflusst wird.

Jenny Sealey, die Regisseurin der britischen *Graeae Theatre Company* verwendet hierfür den Begriff *Aesthetic of Access*. Das seit 1980 bestehende Theater „strives to create an aesthetic vocabulary that demolishes barriers to accessing live performance" (Sealey und Lynch 2012: 60f). Hierbei liegt der Fokus vor allem auf Tauben, Schwerhörigen, Blinden und Menschen mit Sehbehinderung, weswegen z.B. Audiodeskriptionen und Gebärdensprachverdolmetschungen auf unterschiedliche Weise in die Inszenierungen integriert werden und performativ deren Ästhetik beeinflussen. Indem sie eine inklusive Realität aufzeigen, werden Interaktion und Kommunikation zwischen verschiedenen Gemeinschaften unterstützt, wodurch die Theatergruppe versucht, einen sozialen Wandel zu motivieren. Ugarte Chacón argumentiert, dass es bei solchen Produktionen wichtig ist, sprachliche Hierarchien aufzubrechen, sodass die verschiedenen Sprachen gleichberechtigt präsentiert werden. Hierdurch soll eine Kunst erzeugt werden, „die für alle Menschen zugänglich ist" (Ugarte Chacón 2015: 55) und möglichst von Menschen mit und ohne Behinderung zusammen ausgearbeitet wird.

Es wurden von verschiedenen Theaterpraktiker*innen bereits unterschiedliche Herangehensweisen an derartige Theaterinszenierungen erprobt. Einige Theaterensembles setzen sich aus tauben, schwerhörigen und hörenden Schauspieler*innen und Beteiligten zusammen und inszenieren die Theaterstücke bereits von Beginn an in einer Gebärden- und Lautsprache. Das erste bekannte Theater, welches so arbeitet, ist das 1967 gegründete NGT in Waterford, Connecticut (vgl. National Theater of the Deaf o.J.: o.S.). Da bis dahin keine Modelle existierten, wie man in einer solchen Konstellation gemeinsam Inszenierungen in Laut- und Gebärdensprache entwickeln kann, „the aesthetic has developed largely through a process of trial and error" (Kochhar-Lindgren 2006: 421).

Hierbei werden die beiden Sprachen in ungefähr gleichem Maß eingesetzt, müssen aber nicht vollständig die gleichen Inhalte wiedergeben. Es geht eher um die „individuelle Ausgestaltung eines beiden Versionen zugrundeliegenden inhaltlichen Konzepts“ (Ugarte Chacón 2015: 219). Immer wieder gibt es Szenen oder Szenenausschnitte, die nur in einer Sprache präsentiert werden und unübersetzt bleiben. Die Wahrnehmung der Aufführung unterscheidet sich daher, je nachdem, ob ein*e Zuschauer*in die jeweilige Gebärdensprache, Lautsprache oder beide versteht und somit dem Inhalt der Szenen bei verschiedener Sprachnutzung unterschiedlich gut folgen kann. Bei einem starken Spiel mit dem Nicht-Verstehen der Zuschauer*innen kann es allerdings wie bei der Inszenierung *Die Hauptsache* frei nach Nikolai Evreinov am DGT zu Kritik seitens des Publikums kommen. Besonders das taube Publikum empfand „(vorübergehendes) Nichtverstehen und Inklusion […] als […] unvereinbar“ (Ugarte Chacón 2020: 41). In dieser Inszenierung wurde zwar sowohl in DLS als auch DGS ungefähr gleich viele und ähnliche Informationen an das Publikum vermittelt, doch reagierten die tauben und schwerhörigen Zuschauer*innen aufgrund ihrer zahlreichen Erfahrungen mit dem Nicht- und Missverstehen im Alltag empfindlicher als die hörenden Zuschauer*innen auf die teilweise großen in nur einer Sprache geäußerten und in knappen Übertiteln zusammengefassten Textteile. Für die hörenden Zuschauer*innen auf der anderen Seite war es häufig eine neue Erfahrung, wenig vom sprachlichen Inhalt zu verstehen. (vgl. Kiok 2019: 32f)

Viele taube Menschen zeigen Widerstand gegenüber dem Eindringen zeitgenössischer Kunst in die Gebärdensprachkultur. Tomas Vollhaber (2012: 420) begründet dies damit, dass sie Kunst, welche sie verunsichert als Bedrohung empfinden, da sie bereits in einer „Welt voller Verunsicherungen“ leben. Sie rechnen diese Art der Kunst der Kultur der Hörenden zu. Ihnen sei dabei nicht bewusst, dass auch viele Hörende Verständnisprobleme und Verunsicherung durch zeitgenössische Kunst erfahren.

Ugarte Chacón (2020: 43) argumentiert dagegen:

> Kriterien für gute Kunst wurden und werden durch Hörende festgelegt. Deshalb bin ich inzwischen skeptisch, wenn Kritik aus der Gehörlosengemeinschaft sofort als identitätspolitische Intervention gegen zeitgenössische Kunst abgetan wird – auch wenn darin ein wahrer Kern stecken mag.

Zugang zu einer Inszenierung beziehe sich zum einen auf die physische Barrierefreiheit und zum anderen auf ihre Verständlichkeit. Es müsse also unterschieden werden zwischen Inszenierungen, welche alle Zuschauer*innen verwirren und solchen, die taube und schwerhörige Menschen nicht verstehen können, weil ihre „sprachlichen Bedürfnisse vollständig ignoriert werden" (Ugarte Chacón 2020: 43).

Unter den tauben und hörenden Publikumsteilen sollte es „keine überlegene Zuschauerinnenposition" (Ugarte Chacón 2020: 40) geben. Durch die Vermischung von Gebärden- und Lautsprache entsteht vielmehr ein „temporary meeting place . . . where misapprehensions and differences can begin to form the basis of a new cross-cultural argot" (Carter 1992: 12f; in: Kochhar-Lindgren 2006: 423). Dieser kann die Grenzen zwischen den einzelnen Sprachgemeinschaften aufbrechen.

Laut Wera Mahne trägt bereits der Einsatz von Gebärdensprache in einer Theaterinszenierung „eine politische Dimension, die sich im Stück niederschlägt" (Mahne 2011: 21). Wenn die Sprache bewusst als Form genutzt wird, kann dadurch die Bedeutung und Aussage der Inszenierung beeinflusst werden. Die in der Mehrheitsgesellschaft vorherrschende Unsichtbarkeit der Gebärdensprachgemeinschaft wird durch die öffentliche Nutzung der Gebärdensprache in einer Theaterinszenierung durchbrochen. Auch das Zusammenspiel tauber, schwerhöriger und hörender Schauspieler*innen auf der Bühne „makes deafness visible" (Kochhar-Lindgren 2006: 422), da einem Menschen (ohne technische Hörhilfen) nicht anzusehen ist, welchen medizinischen Hörstatus er hat.

Damit eine Inszenierung aber auch für schwerhörige und taube Zuschauer*innen ohne Gebärdensprachkenntnisse inklusiv sein kann, sollte laut Mälzer und Wünsche (2018) neben einer Laut- und Gebärdensprache auch die jeweilige Schriftsprache in Form von kreativ und ästhetisch in das Bühnengeschehen integrierten Theaterübertiteln auf der Bühne präsentiert werden. Die Übertragungsrichtungen sollen hierbei wechseln, sodass jede der drei auf der Bühne eingesetzten Sprachen (DGS, DLS und DSS) zu unterschiedlichen Zeitpunkten zur AS und zur ZS werden, wobei keine der Sprachen bevorzugt werden soll. (siehe Abb. 2) Da die Übertitel dabei zeitweise die einzige sprachliche Äußerung auf der Bühne darstellen, bilden sie einen inhärenten Bestandteil des Aufführungstextes, weswegen die Inszenierung ohne die Übertitelung nicht vollständig wäre.

Auch hier gibt es einsprachige Textstellen, die unübersetzt bleiben, um „die Hörenden wie die Gehörlosen oder Schwerhörigen im Publikum gleichermaßen mit Nichtverstehen zu konfrontieren“ (Mälzer 2018: 3) und so „zu einer Sensibilisierung gegenüber kommunikativer Barrieren“ (Wünsche 2017: 395) zu führen und die Hierarchisierung der Sprachen aufzubrechen. Die Übertitler*innen müssen hierfür in einer „Ko-Translation“ (Mälzer und Wünsche 2018: 15) mit der Regie und/oder Theatergruppe zusammenarbeiten und früh in den Produktionsprozess eingebunden werden. Der Text bzw. die Textbausteine sollten frühzeitig an die Übertitler*innen geben und gemeinsam mit der Theatergruppe und/oder Regie entschieden werden, welche Elemente im Stück übertitelt werden oder unübertitelt bleiben sollen. Bei dieser Ko-Translation können die Übertitler*innen sich kreativ und beratend an der Produktion des Aufführungstextes, der alle verbalen Zeichen während einer Aufführung umfasst, beteiligen und somit einen Einfluss auf die Inszenierung nehmen. (vgl. Mälzer und Wünsche 2018: 44)

Die Einsatzmöglichkeiten der Übertitel und die Reaktionen der Zuschauer*innen wurden für mehrere Inszenierungen im von Nathalie Mälzer seit 2015 geleiteten Projekt *Inklusives Theater* erforscht. Die ersten beiden Inszenierungen des Projekts waren *Club der Dickköpfe und Besserwisser* des *Klub Kirschrot* und *von außen zu nah* der Gruppe *BwieZack*. Beide wurden in Kooperation mit dem *Theaterhaus Hildesheim* umgesetzt. Die Übertitel wurden von Studierenden am *Institut für Übersetzungswissenschaften und Fachkommunikation* der Universität Hildesheim gestaltet, welche frühzeitig in den Produktionsprozess eingebunden wurden. In diesen Inszenierungen wurden die Übertitel mit dem Programm *PowerPoint* von *Microsoft* vorgefertigt und mittels Beamer an verschiedene Stellen im Bühnenraum projiziert. Der Vorteil eines solchen Einsatzes von Übertitelprojektionen ist, dass der Abstand zwischen den Figuren auf der Bühne und den Übertiteln verringert oder aufgehoben wird. Ein Nachteil ist, dass die Übertitelung bestimmte Lichtverhältnisse benötigt, um gut lesbar zu sein. Durch das Licht des Projektors ist es auf der Bühne auch nie vollkommen dunkel. (vgl. Griesel 2007: 103)

Die Übertitel können durch Schriftart, -größe, -farbe, -dicke und Animationen wie Bewegung oder Größenveränderung kreativ gestaltet, durch Bild- und Videoelemente ergänzt und so ästhetisch in die Inszenierung integriert werden. Diese werden kreative Übertitel genannt. Im Unterschied zu klassischen Übertiteln, die an einem feststehenden Ort über oder neben der Bühne erscheinen, werden die kreativen direkt ins Bühnenbild projiziert. So können sie auch als Elemente des Bühnenbildes genutzt werden oder selbst zur Handlung beitragen, indem sie z.B. schriftlich die Gedanken einer Figur wiedergeben. Durch eine solche ästhetische Präsentation der Übertitel und der Anerkennung ihrer Präsenz durch Figuren auf der Bühne können diese „zu einem eigenen Theatermittel werden" (Kapusta 2014: 105) und so die theatralen Mittel enthierarchisieren. (vgl. auch: Mälzer und Wünsche 2018: 46)

5. Das Projekt WOY als Forschungsfeld

Im Folgenden werde ich mein Forschungsfeld, die Proben- und Inszenierungsprozesse, die Rezeption der Inszenierung WOY, sowie das Theaterhaus Hildesheim vorstellen. Die Informationen hierüber wurden größtenteils aus informellen Gesprächen und Interviews mit Beteiligten gewonnen.

Das Theaterhaus Hildesheim ist ein freies Theater, das für gewöhnlich mit freien Theatergruppen oder einzelnen freien Performer*innen zusammenarbeitet. In der Kindertheaterreihe bietet das Theaterhaus seit einigen Jahren drei Produktionen pro Spielzeit mit Gebärdensprachverdolmetschung an.

In Kooperation mit dem Projekt Inklusives Theater an der Universität Hildesheim und freien Theatergruppen entstanden am Theaterhaus Hildesheim bereits mehrere Inszenierungen in DLS, DGS und DSS für ein taubes, schwerhöriges und hörendes Publikum. Bei der von mir untersuchten Inszenierung *WOY* gestaltete sich die Zusammenarbeit dagegen anders. Eine Regisseurin hatte die Idee, Georg Büchners *Woyzeck* mit tauben und hörenden Schauspieler*innen zu inszenieren, zunächst an Nathalie Mälzer, der Leiterin des Projekts Inklusives Theater an der Universität Hildesheim herangetragen, woraufhin diese das Theaterhaus als Kooperationspartner dafür vorgeschlagen hatte. Nachdem die Regisseurin aus persönlichen Gründen nicht mehr am Projekt teilnehmen konnte, suchte das Theaterhaus eine*n neue*n Regisseur*in, da es ihnen wichtig war, weiterhin für die tauben und schwerhörigen Menschen in Hildesheim „ein Stück, was nicht exkludiert“ (Interview KL; 76-77) anbieten zu können. Anders als in der Zusammenarbeit mit freien Theatergruppen, die lediglich ihre Endproben und die Aufführungen in den Räumlichkeiten des Theaterhauses durchführen, übernahm das Team des Theaterhauses in diesem Projekt die Produktion. In Manuela Hörr fanden sie die neue Regisseurin des Projekts, welche hörend ist und als freie Theaterschauspielerin und -regisseurin bereits Erfahrungen mit der Gebärdensprachverdolmetschung vorheriger Inszenierungen hatte.

Da die Anträge bereits auf die Vorstellungen der ersten Regisseurin angepasst waren, mussten einige Posten darin angepasst und umgestellt werden. Manuela Hörr konnte sich nicht vorstellen, Woyzeck ohne Überarbeitung umsetzen zu können. Aus diesem Grund engagierte sie eine Dramaturgin, um eine geeignete Textfassung zu entwickeln. Da sie nun „in drei Wochen unter Zeitdruck Leute zusammen haben mussten“ (Interview R; 121), wurde nicht, wie von der ersten Regisseurin geplant, ein Casting ausgeschrieben und durchgeführt, sondern gemeinsam mit dem Theaterhaus ihnen bekannte Schauspieler*innen vorgeschlagen und angefragt. Da es, wie zuvor erläutert, nur wenige professionelle taube Schauspieler*innen in Deutschland gibt, wurde sich darauf eingestellt, dass mit Laien- und Profischauspieler*innen zusammengearbeitet werden würde. Die erste dreitägige Konzeptionsprobe fand schließlich vom 26. bis zum 28. August 2019 statt. Die sechswöchige Probenzeit wurde vom 21. Oktober bis zum 29. November 2019 durchgeführt. Vom 30. November bis 03. Dezember fanden die Aufführungen im Theaterhaus Hildesheim statt. Für Anfang März 2020 war eine Wiederaufnahme der Inszenierung am LOT-Theater in Braunschweig geplant. Nachdem die Wiederaufnahmeproben bereits abgeschlossen waren, mussten die Aufführungen dort letztendlich aufgrund der Ansteckungsgefahr mit dem Coronavirus (COVID-19) abgesagt werden.

5.1. Das Stück Woyzeck und die Inszenierung WOY

Georg Büchner begann zwischen Ende Juli und Anfang Oktober 1836 mit dem Verfassen seines Dramas Woyzeck, das zu seinem Tod im Februar 1837 noch nicht vollendet war. Die vier erhaltenen handschriftlichen Entwürfe bildeten die

Grundlage etlicher unterschiedlicher Editionen. In Büchners Woyzeck muss die Titelfigur, *Franz Woyzeck*, für sein uneheliches Kind und dessen Mutter, *Marie*, sorgen, indem er als Soldat arbeitet und zusätzlich an einem Experiment eines Arztes teilnimmt, bei welchem er nichts außer Erbsen essen darf, woraufhin sein Urin untersucht wird. Vom *Doctor* und dem *Hauptmann* wird Woyzeck ausgenutzt und erniedrigt. Da er Marie mit dem *Tambourmajor* tanzen sieht, glaubt er, dass Marie ihn betrügt. Die Kombination all dieser Umstände lässt Woyzeck Halluzinationen und „Verfolgungspsychosen“ (Stiening 2019: 693) entwickeln, weswegen er letztendlich Marie umbringt.

In Woyzeck verarbeitete Büchner Quellen historischer Rechtsfälle, vor allem „den Fall des 41jährigen Gelegenheitsarbeiters und ehemaligen Soldaten Johann Christian Woyzeck aus Leipzig, der am 21. Januar 1821 seine Geliebte Johanna Christiane Woost umbringt“ (Lehmann 1967; in: Wirthwein 2013: 60), weswegen er 1824 mit dem Schwert öffentlich hingerichtet wurde. Dieser und ein ähnlicher Rechtsfall bildeten die Grundlage für einen öffentlich beachteten Streit zwischen Gerichtsmedizin und Justiz in Bezug auf die Schuld- und Zurechnungsfähigkeit der Täter. Auch die „Ernährungsexperimente“ (Roth 2002; in: Wirthwein 2013: 69) sind inspiriert von tatsächlich stattgefundenen Experimenten, in welchen der Effekt der Ernährung mit hauptsächlich Gelatine u.a. mit Erbsen versetzt über einen Zeitraum von mehreren Monaten an Soldaten getestet wurde.

Bevor die Inszenierung WOY begann, wurde auf die Leinwand an der rückwärtigen Bühnenwand ein ca. neun-minütiger Stummfilm projiziert, welcher die Handlung des Dramenfragments Woyzeck zusammenfasst. In die darauffolgende Inszenierung WOY haben die Dramaturgin und Regisseurin neben Büchners Woyzeck auch Sekundärquellen u.a. über den historischen Rechtsstreit zu Johann Christian Woyzeck, Büchners eigenes Leben und Berichte zu Femiziden[6] an Partnerinnen der Mörder einbezogen. Der Fokus wird in dieser Inszenierung zumindest teilweise von der von verschiedenen Seiten gepeinigten Hauptfigur Woyzeck auf das Mordopfer Marie übertragen, die sich immer wieder im Verlauf der Inszenierung fragt, ob denn nicht alles anders hätte ablaufen können. Sie

[6] Bei einem Femizid handelt es sich um „tödliche Gewalt gegen Frauen oder eine Frau aufgrund des Geschlechts“ (Duden o.J.: o.S.).

versucht, Antworten in Büchern zu finden, die ihr aber auch keine Klarheit verschaffen können und Beziehungen zu den anderen Figuren aufzubauen, die aber alle isoliert voneinander bleiben. Fragmentarisch wie der Dramentext arbeitet das Experiment WOY u.a. mit dem Aufbrechen der Handlung, Wiederholungen und Umkehrung des Mordes, sowie utopischen Momenten. Es werden Fragen gestellt, aber keine Antworten gegeben. Die Sprachnutzung auf der Bühne ist eine Kombination der DLS, DGS und DSS.

5.2. Beteiligte und Rollen-/Aufgabenverteilung

Gemeinsam mit dem Theaterhaus suchten die Regisseurin und Dramaturgin Schauspieler*innen für die Inszenierung WOY. Der taube und eine hörende DGS-kompetente Laienschauspieler*in waren bereits „vom Theaterhaus mehr oder weniger gesetzt“ (Interview R; 97) und auch die beteiligte GSD wurde, wegen guter bisheriger Zusammenarbeit, vom Theaterhaus vorgeschlagen.

Das Theaterteam setzte sich aus Manuela Hörr als Regisseurin, einer Regieassistentin, einer Dramaturgin, der Produktionsleiterin, einer Kostümbildnerin, einem Bühnenbildner, welcher auch den Stummfilm erstellte, und einem Musiker zusammen. Die letzten beiden und die Regisseurin richteten außerdem die Bühnenbeleuchtung ein, arbeiteten die Übertitel in das Projektionsprogramm ein und erstellten einige der kreativen Übertitel. Der Großteil der kreativen Übertitel wurde von Studierenden des Seminars *Weitere Formen der Barrierefreien Kommunikation für Hörgeschädigte: Inklusives Theater* der Universität Hildesheim unter der Anleitung von Nathalie Mälzer, einer Seminarleiterin und einem Lehrbeauftragten erstellt. Das Fahren der Übertitel übernahm ich auf Anfrage der Regisseurin.

Die Rolle des *Franz Woyzeck* wurde von einem tauben Laienschauspieler und einem hörenden Profischauspieler verkörpert. Die Doppelbesetzung dieser Figur war durch die Inszenierung *Spring Awakening* am *Deaf West Theater* inspiriert worden, in welcher es eine taube handelnde und gebärdende Figur gibt, welche durch einen hörenden sprechenden und singenden Schauspieler begleitet wird. (vgl. Ross 2015: o.S.) Die Doppelbesetzung bei WOY gestaltete sich ausgeglichener, wobei der hörende und taube Schauspieler z.T. gemeinsam und zum Teil einzeln in Szenen auftraten und gebärdend und/oder sprechend mit anderen Figuren interagierten. *Marie* wurde von einer hörenden Profischauspielerin gespielt. Der *Arzt* (im Original der Doctor), der *Chef* (im Original der Hauptmann) und der *Musiker* (im Original der Tambourmajor) wurden alle vom selben hörenden Profischauspieler dargestellt. Eine hörende DGS-kompetente Laienschauspielerin übernahm die taube und gebärdende Rolle des *Andres*. Da sie seit vielen Jahren DGS u.a. beruflich nutzt, ist sie eine erfahrene Nutzerin der DGS und verdolmetschte in der Inszenierung WOY einige Texte der Rolle Marie. Mit der beteiligten GSD spielte sie zwei *Typen*. Die GSD dolmetschte außerdem in der Rolle einer *Assistentin* den Arzt und den Chef. In einzelnen Szenen stellten die Schauspieler*innen keine eindeutigen Figuren dar, sondern agierten gemeinsam, wobei sie laut- und gebärdensprachlich Texte oder Lieder vortrugen. Die Rolle des Andres sollte zunächst von einem tauben Schüler des Landesbildungszentrum für Hörgeschädigte Hildesheim gespielt werden. Da der Schüler ein Geflüchteter aus einem Kriegsgebiet ist, befürchtete die Regisseurin aber, dass er durch die z.T. brutale Thematik und das zunächst geplante Kunstblut auf der Bühne mit Traumata konfrontiert werden könnte. Daher hielt sie es für besser, die Figur doch von einer erwachsenen Person spielen zu lassen. Andere angefragte taube Personen hatten „keine Zeit für Theater" (Interview TW; 18), weil sie Arbeitszeiten haben, die mit der Probenarbeit nicht kompatibel gewesen wären.

Einige der hörenden Beteiligten hatten bereits aus vorherigen Projekten Erfahrungen mit tauben Menschen auf der Bühne und/oder der Gebärdensprachverdolmetschung eigener Inszenierungen. Der taube und die DGS-kompetente Schauspieler*in hatten zuvor gemeinsam in einer laut- und gebärdensprachlichen Inszenierung auf der Bühne gestanden. Die GSD hatte bereits mehrere Inszenierungen des Theaterhauses und anderer Theater in DGS verdolmetscht. Die Regisseurin hatte frühzeitig bei ihr angefragt, ob sie bereit wäre, selbst als Figur auf der Bühne zu stehen, statt am Bühnenrand zu dolmetschen. Dies empfindet sie eher „ein bisschen wie so ein[en] Fremdkörper" (Interview R; 164-165). Die Regisseurin und Produktionsleiterin von WOY, sowie die künstlerische Leiterin des Theaterhaus hatten bereits vor Beginn der Probenzeit zwei DGS-Kurse an der Volkshochschule belegt, was die künstlerische Leiterin begründete mit: „Ich finde das total doof, dass ich nicht mal ‚Hallo im Theaterhaus' sagen kann oder eben an der Kasse reagieren kann, wenn da gehörlose Menschen zu Besuch kommen, die ich natürlich als Publikum haben will." (Interview KL; 204-206)

Um eine gute Kommunikation zwischen dem tauben Schauspieler und den hörenden Beteiligten sicherzustellen, wurde die Probenarbeit in den ersten zwei Wochen außerdem von drei zusätzlichen GSD begleitet, die jeweils zu unterschiedlichen Zeiten zusammen mit der an der Inszenierung beteiligten GSD in den Proben und Pausen, sowie bei Besprechungen dolmetschten.

6. Methoden

Für die Untersuchung meines Forschungsfeldes wählte ich eine Kombination mehrerer qualitativer Forschungsmethoden, die ich zum Großteil in meinem Bachelorstudiengang Kulturanthropologie/Europäische Ethnologie erlernt und bereits in Forschungen für meine Bachelorarbeit und ein Seminar meines Masterstudiengangs erprobt und als sehr gewinnbringend erlebt habe.

6.1. Teilnehmende Beobachtung

Die Methode der *Teilnehmenden Beobachtung* stammt aus der ethnologischen Feldforschung und setzt die „physische Anwesenheit eines Forschers in einem Feld für eine längere Zeit voraus[...]" (Scholz o.J.: o.S.). Der*die Forscher*in nimmt hierbei am alltäglichen Leben der Mitglieder der untersuchten Gruppe oder des Forschungsfeldes teil, um das „Alltägliche, Gewöhnliche und Wiederkehrende" (Friebertshäuser 1997: 510) in deren „Lebenswelt und Lebensstil" (Friebertshäuser 1997: 509) ausfindig zu machen, was den eigentlichen Teilnehmer*innen nicht bewusst sind. Dies interpretiert er*sie im „überindividuellen kulturellen Sinnzusammenhang" (Schmidt-Lauber 2007: 220f).

In den Fachrichtungen, welche die Teilnehmende Beobachtung als Forschungsmethode nutzen, wurden ursprünglich und werden z.T. heute noch übersichtliche und als unabhängig gesehene Felder untersucht. In der Ethnologie wurden zunächst v.a. Inseln oder Ortschaften teilnehmend beobachtet. Die Kulturanthropologie/Europäische Ethnologie (früher und zum Teil noch heute: Volkskunde) begann die Nutzung der Teilnehmenden Beobachtung vor allem in

Dörfern und Gemeinden. Für die Soziologie gilt die Abgrenzbarkeit vor allem auf organisatorischer Ebene, weswegen hier z.B. Institutionen und Betriebe im Zentrum der Untersuchungen stehen. Mit der Zeit wandelte sich der Untersuchungsbereich hin zu nicht so klar abgrenzbaren Forschungsfeldern, wie bestimmten sozialen, ethnischen oder religiösen Gruppen. (vgl. Schmidt-Lauber 2007: 228)

Teilnahme an sich meint immer ein „Mit-Dabei-Sein" (Hauser-Schäublin 2003: 34). Hierbei kann unterschieden werden, ob eine Person aktiv oder passiv an etwas teilnimmt, also ob man einem Ereignis nur unbeteiligt beiwohnt oder sich selbst daran beteiligt. Für die Methode der Teilnehmenden Beobachtung wird zumeist eine aktive Teilnahme bevorzugt, welche auch eine soziale Beziehung zwischen der forschenden Person und den beforschten Personen verlangt. Um das Alltägliche, das für die regelmäßig oder andauernd Teilnehmenden selbstverständlich und deshalb unsichtbar geworden ist, sehen und interpretieren zu können, ist es von Vorteil, selbst kein festes Mitglied der untersuchten Gemeinschaft zu sein und die Untersuchung aus „kultureller Distanz" (Hauser-Schäublin 2003: 37) heraus durchzuführen. Dennoch versucht der*die Forscher*in, die erforderten sozialen Verhaltensweisen zu übernehmen, um von den Mitgliedern des Forschungsfeldes ebenfalls als Mitglied angesehen zu werden. Daher ist es wichtig, dass der*die Forscher*in die im Forschungsfeld genutzten Sprachen zumindest grundlegend beherrscht, um sich mit den Personen des Feldes unterhalten und die Unterhaltungen zwischen Personen des Feldes verstehen zu können. Bei der Aushandlung zwischen Nähe durch Teilnahme und Distanz durch Beobachtung muss darauf geachtet werden, dass man sich nicht zu sehr in eine der beiden Richtungen bewegt. Wer nur durch Nähe forscht, ist der Gefahr des „going native" (Hauser-Schäublin 2003: 38) ausgesetzt, also sich selbst so mit den Menschen im Forschungsfeld zu identifizieren, dass man die wissenschaftliche Perspektive auf dieses verliert. Andererseits bleibt jemand, der nur in der beobachtenden Position verweilt, lediglich ein*e Besucher*in in seinem*ihren Untersuchungsfeld und kann das für die Mitglieder Alltägliche nicht herausfinden. Die Möglichkeit oder der Grad der Teilnahme hängen allerdings auch davon ab, welche Rolle die Mitglieder des Forschungsfeldes der forschenden Person zuschreiben und inwiefern sie ihr Zugang zu ihren alltäglichen Praktiken gewähren. (vgl. Hauser-Schäublin 2003: 48) Etliche Faktoren, wie „Alter, Geschlecht, Zivilstand, Hautfarbe, Staatsangehörigkeit, Religionszugehörigkeit, Beruf/sozialer Status“ (Hauser-Schäublin 2003: 50) haben Einfluss darauf, ob ein*e Forscher*in zu bestimmten Teilen des Forschungsfeldes Zugang erhält. Durch die Teilnahme an verschiedenen Situationen und Ereignissen kann sich die Sicht der Mitglieder der untersuchten Gruppe auf die forschende Person verändern, wodurch sie möglicherweise mit der Zeit Zugang zu Bereichen des Forschungsfeldes bekommt, die ihr zuvor verschlossen blieben. (vgl. Hauser-Schäublin 2003: 52) Das Beenden einer Teilnehmenden Beobachtung verläuft zumeist „graduell über einen längeren Zeitraum hinweg“ (Cohn 2014: 77).

In einer Teilnehmenden Beobachtung werden zumeist verschiedene Methoden genutzt, um Daten zu erheben und festzuhalten. Beobachtungen und Überlegungen werden in einem *Feldforschungstagebuch* notiert und *informelle Gespräche*, sowie *qualitative Interviews* mit Teilnehmer*innen des Forschungsfeldes geführt, aber auch quantitative Methoden (z.B. systematische Beobachtungen und strukturierte Fragebögen) genutzt.

Zu beachten ist, dass das Beobachtete, also die Handlungen von Personen, oft mit dem von ihnen Gesagten auseinandergeht. Das liegt daran, dass die beforschten Personen z.T. ihre Handlungen selbst nicht reflektieren oder andere Selbstbilder haben, als sich in ihren Handlungen erkennen lassen. Die Befragung der Teilnehmer*innen einer Situation kann auch dem*der Forscher*in helfen, die Gründe für das beobachtete Handeln besser zu verstehen. (vgl. Spittler 2001: 8) Die im Tagebuch angelegten *Feldnotizen* können nicht die „Authentizität einer Situation oder einer Handlung“ (Hauser-Schäublin 2003: 49) wiedergeben, weil der*die Forscher*in immer eine subjektive und interessengeleitete Auswahl trifft, welche Informationen er*sie meist in gekürzter Form notiert und außerdem alle Sinneseindrücke in das einheitliche Medium der Schriftsprache übertragen werden müssen. Da die Ergebnisse daher sehr von den Sinneseindrücken des*der Forscher*in abhängen und „auch die anschließende Aufbereitung der Informationen […] eine selektive Komponente“ (Cohn 2014: 78) haben, ist es wichtig, dass der*die Forscher*in die eigene Position im und die Einflüsse auf das Feld reflektiert.

Das Ensemble und Theaterteam für die von mir untersuchte Inszenierung WOY stellt eine Besonderheit gegenüber den zumeist mit der Teilnehmenden Beobachtung untersuchten Gruppen dar. Hierbei handelt es sich um eine künstlich erzeugte Zusammensetzung von Menschen, von denen einige bereits in anderen Kontexten miteinander gearbeitet hatten und andere sich zum ersten Mal begegneten. Da ich den gesamten Probenprozess und die Aufführungen teilnehmend beobachtete, war ich im Entstehungsprozess der untersuchten Gruppe dabei und konnte ihre Entwicklungen direkt beobachten. Zu Beginn der ersten Konzeptionsprobe stellte ich mich wie alle Ensemble- und Teammitglieder vor und erfragte, ob es für alle in Ordnung sei, dass ich eine Teilnehmende Beobachtung durchführte. Während der Proben konnte ich zumeist direkt in mein Forschungstagebuch Beobachtungen notieren und in den Pausen informelle Gespräche mit Ensemble- und/oder Teammitgliedern führen. Eine Erweiterung des Forschungsfeldes stellte ein Seminar der Universität Hildesheim dar, in welchem die Übertitel für die Inszenierung erstellt wurden. Auch bei diesem nahm ich an zwei Seminarsitzungen teil und führte Gespräche mit Seminarleiter*innen und Seminarteilnehmer*innen.

Anders als in vielen länger andauernden Teilnehmenden Beobachtungen in anschließend weiterhin bestehenden Forschungsfeldern verlief der Abschied aus meinem Feld nicht graduell, sondern abrupt nach der letzten Aufführung, als sich alle Beteiligten voneinander verabschiedeten.

Umstritten ist die Methode der Teilnehmenden Beobachtung aufgrund ihrer schlechten bzw. fehlenden Nachprüfbarkeit und der geringen Repräsentativität. Da die Methode viel Zeit in Anspruch nimmt und weitere politische, historische und ökonomische Zusammenhänge sich nicht mit ihr erforschen lassen, wird ihr außerdem fehlende Effizienz vorgeworfen. (vgl. Spittler 2001: 3) Ein Interview besitzt im Vergleich zur Beobachtung den Vorteil, dass man in relativ kurzer Zeit viele Auskünfte sammeln kann. Durch eine Beobachtung können aber zum Teil komplizierte Situationen und Umstände in kurzer Zeit erfasst werden, die sprachlich umständlich hätten formuliert werden müssen und wahrscheinlich unvollständig geblieben wären. (vgl. Spittler 2001: 8f) Daher wird zumeist eine Kombination verschiedener qualitativer und z.T. quantitativer Forschungsmethoden angewendet.

Da es mir wichtig war, auch die Innensicht der Beteiligten meines Forschungsfeldes zu berücksichtigen, führte ich qualitative Interviews mit Mitgliedern des Theaterteams und Ensembles und machte eine Umfrage unter den Zuschauer*innen.

6.2. Qualitative Interviews und Umfragen

Qualitative Interviews werden auch als „Tiefeninterviews" (Schlehe 2003: 71) bezeichnet, da sie nicht wie die meisten quantitativen Interviewformen auf Repräsentativität durch eine große Anzahl von Interviews mit auf eindeutige und kurze Antworten zielenden Fragen setzen. Bei qualitativen Interviews werden die Fragen offen und als Redeaufforderungen an die Interviewten gestellt, um einen tieferen persönlicheren Einblick in das untersuchte Thema zu erhalten.

> Das Interview soll den Zugang zur emischen Perspektive eröffnen, zur Konstruktion von Realität aus der Sicht der Akteure, und zu subjektiver Sinngebung. Zugleich möchte es auch Einsichten in die jeweilige Gestaltung von Einteilungen und in die spezifischen Arten der Strukturierung von größeren Zusammenhängen liefern. (Schlehe 2003: 73)

In qualitativen Interviews besteht die Möglichkeit, dass die interviewte Person Dinge berichtet, nach denen der*die Forscher*in nicht gefragt hat, da er*sie diese zuvor nicht bedacht hatte. Wenn die qualitativen Interviews in eine Teilnehmende Beobachtung eingebettet werden, gehen ihnen zumeist auch Begegnungen und informelle Gespräche mit der interviewten oder anderen Personen des Forschungsfeldes voraus, durch welche der*die Forscher*in bereits Informationen erhält, auf die er*sie im Interview für detailliertere Auskunft noch einmal eingehen kann. (vgl. Schlehe 2003: 75)

Qualitative Interviews können in unterschiedlicher Form geführt werden. Für meine Untersuchung wählte ich das *leitfadengestützte Interview*. Die Erstellung eines schriftlichen Leitfadens für ein Interview bietet sich für die Erleichterung der Vorbereitung auf ein Interview an, um der interviewenden Person Sicherheit zu geben, in der Interviewsituation die gewünschten Themenbereiche zur Sprache zu bringen. Im Leitfaden werden die wichtigsten Aspekte und konkrete Fragen festgehalten. Die Fragen dienen hierbei eher als Redeaufforderungen und werden daher möglichst offen gestellt, sodass kurze Antworten wie ‚Ja' oder

‚Nein‘ vermieden werden. Wichtig ist bei der Interviewführung „der flexible Umgang mit dem Leitfaden“ (Schlehe 2003: 79). Im Verlauf des Gesprächs können die Reihenfolge der Fragen an bereits Erwähntes angepasst werden, sowie spontan neue Themen und vertiefende Nachfragen hinzugefügt werden.

Um tiefere Einblicke in die Überlegungen v.a. zur Sprachnutzung in der Inszenierung, den Beurteilungen der Inklusion in der Theatergruppe und für das Publikum sowie zu den Einstellungen und Empfindungen der Mitglieder des Ensembles und Theaterteams zu erlangen, führte ich leitfadengestützte Interviews mit einigen von ihnen. Insgesamt führte ich sechs Interviews, wovon jeweils eines mit der Regisseurin der Inszenierung WOY und der künstlerischen Leiterin des Theaterhauses Hildesheim waren und vier mit Ensemblemitgliedern. Diese führte ich mit dem tauben, sowie dem hörenden Woyzeck-Darsteller, der Marie-Schauspielerin und der beteiligten GSD. Für das Interview mit dem tauben Schauspieler übersetzte ich die Interviewfragen in DGS, versuchte während des Interviews aber auch auf aufkommende Themen einzugehen. Mit schriftlicher Genehmigung der Interviewten zeichnete ich die Interviews als Audio- bzw. Videoaufnahme auf, um mit Hilfe von Interviewtranskripten eine bessere Auswertung gewährleisten zu können.

Um auch die Erfahrungen und Empfindungen der Zuschauer*innen in meine Untersuchung einbeziehen zu können, erstellte ich einen Online-Fragebogen mit dem „open source Umfragetool“ (LimeSurvey o.J.: o.S.) LimeSurvey. Da ich bereits 2019 in einer Pilotstudie eine Umfrage zu einem ähnlichen Thema unter den Zuschauer*innen zweier Theaterinszenierungen in DLS und DGS durchgeführt hatte, konnte ich die bestehende Umfrage an die Reaktionen der Teilnehmenden auf die erste und mein Forschungsinteresse anpassen. Die Umfrage enthält sowohl Fragen zur Erfassung der Metadaten wie die persönliche Sprachverwendung der Teilnehmer*innen, als auch offene Fragen mit Textfeld zur Stückwahrnehmung, die auf eine möglichst ausführliche Antwort abzielten. Die Umfrage bemühte sich also eher um qualitative als quantitative Ergebnisse. Mit dieser in kleinem Rahmen durchgeführten Umfrage erhebe ich nicht den Anspruch der Repräsentativität, sondern sammelte detailliertere Beschreibungen, weswegen sie auch bei einer geringeren Teilnehmer*innenzahl interessante Ergebnisse generieren konnte. Aufgrund der schulischen Ausbildung und damit verbunden der zumeist geringeren Lesekompetenz vieler tauber und schwerhöriger Menschen bemühte ich mich die Fragestellungen in möglichst einfacher Sprache zu formulieren und in DGS zu übersetzen. Für die Teilnahme an meiner und einer Umfrage der Universität Hildesheim wurde nach jeder Vorstellung von der Regisseurin der Inszenierung geworben, was von der beteiligten GSD in DGS übertragen und in Übertiteln schriftlich präsentiert wurde. Im Foyer erhielten die Zuschauer*innen ein Informationsblatt, auf dem ein Link und ein QR-Code zur Online-Umfrage, sowie meine Kontaktdaten für Rückfragen oder die Einsendung der Antworten als DGS-Video zu finden waren. Die Option, den ausgefüllten Fragebogen per Post an mich zu senden, bot ich bei dieser Umfrage nicht mehr wie bei meinen ersten Umfragen an, da dieses Angebot nicht genutzt worden war. Stattdessen nahm ich ein untertiteltes DGS-Video mit der von mir erstellten Übersetzung des Informationstextes und der Fragen auf und bat den tauben Schauspieler, dieses tauben Zuschauer*innen, die er kennt, zukommen zu lassen.

An der Umfrage nahmen insgesamt 25 Zuschauer*innen teil, wovon zwei taub, zwei schwerhörig und 21 hörend sind. Zwei der hörenden Umfrageteilnehmer*innen gaben an, DGS zu lernen. Eine der schwerhörigen und eine der hörenden Personen beantworteten in der Umfrage lediglich die Frage, wie ihr der Einsatz der Sprachen in der Inszenierung gefallen habe, mit *Sehr gut,* gaben aber weiterhin keine Antwort. Die Umfrage wurde von allen Teilnehmer*innen in schriftlicher Form ausgefüllt.

6.3. Auswertung der Daten

Für die Auswertung der erhobenen und gesammelten Daten wählte ich die Methode der Codierung, wie sie in der Ethnologie und Kulturanthropologie angewendet wird.

Hierbei müssen zunächst laut- und gebärdensprachliche Interviews transkribiert und das handschriftliche Forschungstagebuch durch Abtippen in den Computer übertragen werden, um eine einfachere und strukturiertere Auswertung zu ermöglichen. Das gebärdensprachliche Interview übersetzte ich zunächst in DSS und ließ dann eine befreundete Studentin des Fachs Gebärdensprachdolmetschen meine Übersetzung korrigieren.

Im Schritt der Auswertung lassen sich aus dem Feldtagebuch wichtige Hauptthemen herausfinden, auf deren Grundlage alle gesammelten Daten systematisch codiert werden können. Beim Codieren „Data are coded into categories that suit the ethnographer's requirements" (O'Reilly 2009: 35). Hierbei werden die Feldnotizen, sowie die erhobenen und gesammelten Daten genau gelesen und kürzere Abschnitte davon in „a word or short phrase that captures and signals what is going on in a piece of data" (Emerson, Fretz und Shaw 1995: 146) zusammengefasst. Andere Datenteile, die einen ähnlichen oder gleichen Code erhalten, können zu Kategorien zusammengefasst werden. Einige der Kategorien behandeln Themen, welche den*die Forscher*in seit Beginn des Codierungsprozesses interessieren, auf andere wird er*sie erst währenddessen aufmerksam. Das Codieren ist ein subjektiver Vorgang, da unterschiedliche Personen mit verschiedenen Forschungsinteressen und theoretischen Hintergründen das gleiche Datenset unterschiedlich codieren würden.

In der Aufbereitung meiner gesammelten Daten codierte ich die transkribierten Interviews und das Forschungstagebuch mit demselben Set an Codes. Für die Codierung der Umfrage-Ergebnisse wendete ich z.T. andere Codes an, die besser zu diesem Aspekt der Untersuchung passen.

Während der*die Forscher*in die Daten liest und codiert, fallen ihm*ihr Zusammenhänge in den Daten und zum theoretischen Hintergrund auf und er*sie hat Ideen und Einsichten dazu. Diese schreibt er*sie in „Initial Memos" (Emerson, Fretz und Shaw 1995: 155) auf, um sie später in der Verschriftlichung einbeziehen zu können.

Als Qualitätssicherung für die Codierung bezüglich der Inszenierung und deren Sprachverwendung konnte ich eine Videoaufnahme der Generalprobe heranziehen. Hierbei musste ich allerdings beachten, dass die Textverteilung der letzten beiden Sätze der Inszenierung nach der Generalprobe noch einmal verändert worden waren.

Das Ergebnis der Feldforschung ist oft eine Ethnographie, „die möglichst anschaulich und lebensnah Einblick in kulturelle Realitäten" (Schmidt-Lauber 2007: 236) gewähren soll. Daher zitiere ich sowohl aus den Interviews als auch aus den Umfrageergebnissen wörtlich. Es ist wichtig, die Forschungssubjekte zu schützen, indem von ihnen in anonymisierter Form geschrieben wird und der*die Forscher*in nichts tut, was diesen schaden könnte. (vgl. Schmidt-Lauber 2007: 237) Besonders wenn taube Personen erwähnt werden, ist eine Anonymisierung sinnvoll, da diese aufgrund der kleinen Größe der Gehörlosengemeinschaft leichter erkannt werden können. In einer Arbeit über eine Theaterinszenierung, bei der die Namen der Beteiligten öffentlich einsehbar sind, ist fraglich, inwiefern eine Anonymisierung umsetzbar ist. Unter anderem, weil ein*e Beteiligte*r um Anonymisierung gebeten hat, werde ich dennoch alle Beteiligte bis auf die Regisseurin, Manuela Hörr, und Nathalie Mälzer in anonymisierter Form in meine Arbeit einbeziehen. Hierfür nutze ich die Rollen- bzw. Aufgabenbezeichnungen der Beteiligten. Auch die Kürzel der zitierten Interviewpartner*innen leiten sich davon ab. (siehe Abkürzungsverzeichnis)

Da die Sammlung und Interpretation der Daten immer von den Interessen und Vorannahmen des*der Forscher*in geleitet werden, muss diese*r auch sich selbst als Beobachtungsgegenstand in die Auswertung mit einbeziehen. (vgl. Scholz 2005: 15) Es ist wichtig, dass der*die Forscher*in die eigenen Handlungen und Einflüsse auf das Forschungsfeld reflektiert, da die subjektiven Eindrücke, Irritationen, Gefühle usw. z.B. im Forschungstagebuch zu Daten werden. Daher werde ich nun meine Position als Forscherin im Feld der Produktion WOY und meine Einflüsse auf die Situationen zwischen den Beteiligten und auf die Inszenierung und Aufführungen offenlegen.

6.4 Die Position der Forscherin im Feld

Das Theater an sich ist ein mir bekannter und recht vertrauter Ort, da ich bereits an mehreren Theaterproduktionen auf verschiedene Weisen mitgewirkt habe. Der erste Kontakt zur Inszenierung WOY am Theaterhaus Hildesheim ergab sich für mich durch eine befreundete Studentin der Universität Hildesheim, deren Kommilitonin die Produktionsleiterin der Inszenierung ist. Bis auf den tauben Schauspieler kannte ich vorher aber kein Ensemble- und Teammitglied.

Während der Proben saß ich zumeist im Zuschauerraum des Theatersaals, wodurch ich Beobachtungen direkt notieren konnte, ohne den Probenprozess zu stören. Natürlich ist davon auszugehen, dass die Anwesenheit einer externen, forschenden Person die Situation dennoch beeinflusst hat. So wurde mir von der Regisseurin mitgeteilt, dass sie zunächst etwas Bedenken hatte, dass es für sie und die Schauspieler*innen merkwürdig sein könnte, bei den Proben beobachtet zu werden. Dadurch, dass ich wenn möglich mithalf, hatte ich mich jedoch schnell in das Team eingefunden. Bereits in den Konzeptionsproben bat die Regisseurin mich, meine Gedanken in Diskussionen einzubringen.

Wie bereits erwähnt, macht es beim Zugang zum Forschungsfeld einen Unterschied, welches Geschlecht, Alter, Hautfarbe, Staatsangehörigkeit usw. ein*e Forscher*in hat. Im Feld der Gebärdensprachgemeinschaften machen auch der Hörstatus und die gebärdensprachliche Kommunikationsfähigkeit einen Unterschied. Ein*e hörende*r Forscher*in kann die Lebenswelt und -erfahrungen tauber Menschen nur aus der Außenperspektive nachvollziehen, während ein*e taube*r Forscher*in Erfahrungen mit den beforschten tauben Personen teilt und besser nachvollziehen kann. Wie Ugarte Chacón (2015: 156) kann ich mich selbst als *informierte Hörende* bezeichnen, welche zwar mit Diskursen in Bezug auf Taubheit und Gehörlosengemeinschaft vertraut ist und über eine gewisse Gebärdensprachkompetenz verfügt, der jedoch die Erfahrungen und die Wahrnehmung tauber und schwerhöriger Menschen fehlen. Aus forschungsethischer Sicht ist es dennoch fragwürdig, ob ich als hörende Person, die erst seit vier Jahren die DGS erlernt, befähigt und berechtigt dazu bin, ein Interview mit einer tauben Person in DGS zu führen. Da ich meinen tauben Interviewpartner aber bereits seit mehreren Jahren kannte und seine Gebärden daher gut verstehe und meine Fragen im Vorhinein in DGS übersetzte, entschloss ich mich, das Interview ohne Hilfe einer GSD zu führen. Ich muss daher betonen, dass all meine Forschung und Ergebnisse von meiner Perspektive als Hörende geprägt und beeinflusst sind.

Eine Schwierigkeit der Teilnehmenden Beobachtung besteht darin, nicht zu sehr Einfluss auf das beforschte Feld nehmen zu wollen, was aber natürlich unmöglich ist. Daher werde ich nun meine direkte (mir bewusste) Einflussnahme offenlegen.

Ich bot dem Theaterteam und -ensemble an, zu helfen, wo gerade Hilfe benötigt wurde. Während der Probenzeit und Aufführungen half ich daher unter anderem beim Auf- und Abbau des Bühnenbildes und übernahm für zwei Tage die Aufgabe der Regieassistentin, das Probenbuch zu führen. Den größten Einfluss auf das Forschungsfeld nahm ich durch meine DGS-Kompetenz und mein Wissen über die Gehörlosengemeinschaft. Wenn gerade keine GSD oder andere DGS-kompetente Person anwesend war, wurde ich häufig gefragt, ob ich zwischen einer hörenden, nicht DGS-kompetenten Person und dem tauben Beteiligten vermitteln könnte. Einmal dolmetschte ich sogar in der Probe, was meinen Respekt für den Beruf der GSD noch um einiges steigerte. Einigen interessierten Ensemble- und Teammitgliedern zeigte ich auf Nachfrage Gebärden, mit denen sie sich dann mit dem tauben Beteiligten verständigten. Je länger ich bei den Probenprozessen dabei war und mich in der Gruppe besser angekommen fühlte, traute ich mich auch mehr anzumerken, was mir aufgefallen war. Gegen Ende der Probenzeit wurde ich von der Regisseurin gefragt, ob ich die Übertitel für die Aufführungen fahren würde, da ich das Stück sehr häufig gesehen hatte und auch zu Textstellen in DGS die Übertitel fahren konnte. Hierdurch war ich direkt an der Inszenierung beteiligt, wodurch ich einen neuen Druck, die Aufgabe gut zu machen, Frustration über das häufig abstürzende Übertitel-Programm und Anerkennung durch die anderen Beteiligten erfuhr.

7. Ergebnisse

Im folgenden Abschnitt werde ich die Ergebnisse meiner Teilnehmenden Beobachtung, Interviews und Umfrage vorstellen. Zunächst erfolgt eine Auseinandersetzung mit dem Theaterensemble und –team von WOY mit besonderer Betrachtung der Kommunikation in der Gruppe, den Interaktionen während der Proben und der Übersetzung des Textes in DGS und DSS. Anschließend werde ich auf die Inszenierung WOY eingehen und schließlich die Rezeption dieser durch das Publikum aufzeigen.

7.1. Hinter der Bühne: Das Ensemble und Theaterteam

7.1.1. Kommunikation

Da die Regisseurin und Produktionsleiterin von WOY, sowie die künstlerische Leitung des Theaterhauses bereits vor der Probenarbeit an zwei DGS-Kursen an der Volkshochschule teilgenommen hatten, konnten sie sich zu Beginn der dreitägigen Konzeptionsprobe im August mit Fingeralphabet und Gebärdennamen selbst vorstellen. Dem tauben Beteiligten wurden Fragen zu Gebärdensprachen, tauben Menschen und der Dolmetschsituation gestellt. Die Besprechungen und Proben wurden von der an der Inszenierung beteiligten GSD und der DGS-kompetenten Schauspielerin gedolmetscht. Schnell wurde festgestellt, dass für die sechswöchige Probenzeit zusätzliche GSD benötigt werden, um eine umfassende Verdolmetschung zu gewährleisten.

Zu den Probenterminen ab Oktober war in den ersten zwei Wochen immer eine von drei zusätzlichen GSD anwesend, die sich mit der an der Inszenierung beteiligten GSD abwechseln und dolmetschen konnte, wenn diese gerade selbst auf der Bühne stand. Für die GSD bedeuteten die Theaterproben ein ungewohntes Arbeitssetting, weswegen eine von ihnen in einer Probe anmerkte, dass sie manchmal nicht wisse, wie sie sich verhalten solle. Doch nach wenigen Proben hatten sie sich an die Situation gewöhnt. Mithilfe der zusätzlichen GSD konnten auch Situationen, in denen lautsprachliche Textstellen geprobt wurden, in DGS verdolmetscht werden. Die Gesprächspartner*innen bei DGS-Nutzung sind auf Blickkontakt zueinander angewiesen. Daher mussten die GSD ihre Position so verändern, dass sie im Licht standen, wenn während der Proben nur das Bühnenlicht, aber auf der Publikumstribüne kein Licht eingeschaltet war, damit der taube Darsteller sie gut sehen konnte. War das Bühnenlicht trotz Positionierung der GSD zu schwach, musste manchmal mehr Licht auf der Bühne oder das Saallicht angeschaltet werden. In Momenten, in denen keine GSD anwesend war, übernahm häufig die DGS-kompetente Schauspielerin das Dolmetschen zwischen den hörenden und dem tauben Beteiligten. War auch sie nicht zugegen, wurde ich gelegentlich darum gebeten oder ich versuchte außerdem lautsprachliche Unterhaltungen für den tauben Schauspieler in DGS zusammenzufassen.

In Situationen, in denen mehrere der hörenden Beteiligten lautsprachlich durcheinanderredeten, konnten die GSD nicht alle Äußerungen verdolmetschen und wurden z.T. nicht wahrgenommen, wenn sie eine Aussage des tauben Schauspielers *voicten* (in DLS verdolmetschten). In anderen Momenten ließen Ensemble- und Teammitglieder Sprechpausen, bis die Verdolmetschung des Gesagten beendet war, bevor weitergesprochen wurde. Durch die Anwesenheit zusätzlicher GSD konnten nahezu alle Unterhaltungen des Ensembles und Teams in DGS verdolmetscht werden. Für den tauben Schauspieler war dies aber keine rein positive Kommunikationssituation:

> Im Verlauf der zweiten Woche hatte ich den Inhalt (des Theaterstücks; Anm. Kiok) langsam verinnerlicht und fühlte mich wohl damit. Ich hatte genug verstanden, was die Situation des Theaterspiels ist und wie alles zusammengeht. Aber obwohl ich mich wohlfühlte, haben die Dolmetscherinnen mir immer wieder und wieder Informationen dazu gegeben. Da konnte ich mich gar nicht konzentrieren, was im Spiel auf der Bühne passiert. Und ein Kontakt zu den anderen Schauspielern konnte so auch nicht entstehen. (Interview TW; 59-64)

So war zu beobachten, dass er während einiger lausprachlicher Besprechungen in seinem Text las, statt die GSD anzusehen. Besonders zu Anfang der Probenzeit, blieb er in kurzen Pausen gelegentlich alleine im Theatersaal zurück, während die anderen sich im Foyer unterhielten. Eine der zusätzlichen GSD, die ihn bereits seit langer Zeit kennt, erklärte, dass die Pause für ihn auch eine Art Augenpause sei, weil das Anschauen der GSD während der Proben anstrengend sei. Er würde sich dazugesellen, wenn er das Bedürfnis dazu hätte. Am Ende der zweiten Probenwoche bat der taube Schauspieler darum, die zusätzlichen GSD abzubestellen, da er nicht jede lautsprachliche Äußerung im Raum mitbekommen wolle und sich inzwischen in der Gruppe aufgehoben fühle. Die Kommunikation durch die beteiligte GSD und die DGS-kompetente Darstellerin, sowie die Bemühungen der anderen Beteiligten, direkt mit ihm zu kommunizieren, würden für ihn zum Informationserhalt ausreichen und sein Gefühl zur Gruppe zu gehören steigern. Einer der Beteiligten sah diesen Wunsch problematisch, da die beteiligte GSD und die DGS-kompetente Darstellerin immer wieder aus ihren Rollen fallen und dolmetschen müssten, was zu Verzögerungen im Probenprozess führe. Andererseits reflektierte er auch: „[G]ebärden scheint anstrengender zu sein. Scheint mehr Konzentration wahrscheinlich zu erfordern als so zu reden“ (Interview HW; 356-357), weswegen er die Entscheidung des tauben Schauspielers letztendlich nachvollziehen konnte. Die beteiligte GSD sah sich selbst nun eher als „Arbeitsassistenz“ (Interview GSD; 30), die zwar für den Kunden wichtige Informationen weitergibt, aber wie von diesem gewünscht nicht „alles dolmetscht, was gesagt wird“ (Interview GSD; 50-51). So konnte sie sich auch auf ihre eigene Rolle und das Feedback dazu konzentrieren. Sah der taube Schauspieler z.B. gerade nicht ihr, sondern einer Handlung auf der Bühne zu, dolmetschte sie nicht, bis er sie wieder ansah. In einigen Momenten begann sie auch eine Unterhaltung zu dolmetschten, woraufhin der taube Schauspieler bemerkte, sie brauche das Gesagte nicht zu übertragen. Während sie zuvor inhaltliche Anmerkungen in DLS äußern konnte, die von der zusätzlichen GSD in DGS verdolmetscht wurden, verlegte sie sich nun darauf, in solchen Situationen gleichzeitig zu sprechen und zu gebärden.

Die Schauspieler*innen und auch manche Teammitglieder lernten bereits in den Konzeptionsproben im August einige Gebärden, die in einer Aufzählung von Zuschreibungen zur Figur Woyzeck und dem Lied *Für immer und dich* von Rio Reiser von einzelnen oder allen gebärdet werden sollten. Im weiteren Verlauf der Probenzeit erlernten sie weitere Gebärden für Lieder und gemeinsame Textstellen. Ab diesem Zeitpunkt versuchten die hörenden Schauspieler*innen und andere Teammitglieder mehr oder weniger häufig, sich mittels dieser gelernten Gebärden, teilweise mithilfe des Fingeralphabets, Gestik, Mundbild und Körpersprache direkt mit dem tauben Schauspieler zu unterhalten. Der taube Schauspieler antwortete in DGS, wobei er häufig das Mundbild durch Flüstern oder leises Sprechen begleitete. Bei Fragen, wie eine Gebärde ausgeführt wird oder wie ein Wort gebärdet wird, gaben die GSD die Frage an den tauben Schauspieler weiter, da die DGS seine Erstsprache ist und er, wie sie sagten, daher das meiste Wissen und die stärkste Intuition über die Sprache besitzt. Im Verlauf der Probenzeit wurden dem tauben Schauspieler außerdem Fragen bezüglich der Gehörlosengemeinschaft, -kultur und persönlichen Erfahrungen gestellt und von ihm geduldig beantwortet. Besonders die Marie-Schauspielerin stellte viele Fragen, scheute den Kontakt mit dem tauben Schauspieler und tauben Zuschauer*innen nicht und lernte die DGS am schnellsten. Häufig waren sie und der taube Schauspieler vor den Proben die ersten Personen am Theater und führten Gespräche miteinander. Manchmal kam ich dazu und wurde in die Unterhaltung aufgenommen und von der hörenden Schauspielerin darum gebeten, zwischen ihnen zu vermitteln. Auch der Musiker des Teams unterhielt sich häufig durch Gesten und gelernte Gebärden mit dem tauben Schauspieler. Mit der Zeit bauten alle hörenden, zunächst nicht-gebärdensprachkompetenten Beteiligten ihre Berührungsängste ihm gegenüber mehr und mehr ab. „[S]ie hatten

Hemmungen oder verstanden oder eher kannten die Gehörlosenkultur und andere Kommunikationsformen nicht. Sie haben es dann aber ausprobiert und es hat geklappt.“ (Interview TW; 73-75). Es wurden mehr direkte Gespräche miteinander geführt und Fahrgemeinschaften für den Weg zum Theater und zurück gegründet. Bei einigen Beteiligten beschränkte sich die Konversation auf kurze Absprachen durch gelernte Gebärden und sonst mithilfe einer Verdolmetschung. Einer der hörenden Schauspieler berichtete, dass ihm in Kommunikationen mit dem tauben Schauspieler „immer wieder bewusst [wird], was ja in dem Grunde klar ist, was das bedeutet, in einer mehrheitlich hörenden Gesellschaft nicht hören zu können“ (Interview HW; 146-147).

Die DGS-kompetente Schauspielerin und die beteiligte GSD unterhielten sich während der Pausen und gelegentlich in den Proben auch privat mit dem tauben Schauspieler. Auch eine der Leiterinnen des Seminars, in welchem die kreativen Übertitel für die Inszenierung erstellt wurden, die Regisseurin und Produktionsleiterin hatten bereits DGS-Kurse belegt und konnten sich bis zu einem bestimmten Grad direkt mit ihm unterhalten. Die Regisseurin empfand es aber als herausfordernd, die bisher gelernten Gebärden in Unterhaltungen abzurufen und war dankbar für die Bemühungen des tauben Beteiligten, sie z.B. durchs Zeigen auf den Text oder Lippenlesen zu verstehen. Dabei war ihr bewusst, dass diese Erfahrung für ihn „auch schmerzhaft ist“ (Interview R; 320) aufgrund langjähriger Erfahrungen damit in Schule und Alltag.

> [M]an spürt es natürlich immer, dass man was sagen würde oder möchte und es zurücknimmt, weil man denkt: Ja, bis ich jetzt rausgefunden habe, übersetzt habe und wir müssen ja jetzt aber auch anfangen zu proben, stelle ich das zurück. So. Na, das ist natürlich schade. (Interview R; 364-366)

Häufig versucht sie jedoch, das Gesprochene durch Gesten oder gelernte Gebärden zu unterstützen.

Während der Proben wurde häufig über die aktuell zu probenden Textstellen geredet. Besonders in den Anfängen der Probenzeit war der taube Schauspieler gelegentlich verwirrt, wenn er eine vorgelesene Textstelle verdolmetscht bekam. Daraufhin ging die Regieassistentin mehrmals mit dem Textbuch auf die Bühne, zeigte ihm die entsprechende Textstelle und versuchte durch DLS und Gesten zu erklären, worum es sich handelte. Später im Probenprozess gingen die Regisseurin und Regieassistentin auch auf die Bühne, um ihm und den anderen Schauspieler*innen vorzuspielen, was sie sich für eine bestimmte Szene oder Handlung vorstellten. Wenn sie dabei lautsprachlich erklärten, wurden sie von der beteiligten GSD in DGS gedolmetscht. Einige Male sah der taube Schauspieler dabei aber nicht den sprachlichen Äußerungen der GSD, sondern den Handlungen der Regisseurin zu. Häufig zeigte er direkt im Anschluss, wie er die Anweisung verstanden hat und umsetzen würde. Da seine Umsetzungsversuche zumeist den Anweisungen entsprachen, waren die Regisseurin und andere Teammitglieder sehr beeindruckt von seiner Auffassungsgabe. Der taube Schauspieler selbst begründete dies damit, dass er gut sehen könne, was andere Menschen wollen, was er eher über die Körpersprache und Mimik der Person ablese als über deren Mundbild. Anderseherum traten auch Momente ein, in denen der taube Schauspieler auf die Bühne ging, um zu verdeutlichen, was er an einer Szene oder Handlung anmerken wollte.

Gerade zum Ende der Probenzeit hatte die hörende Marie-Darstellerin den Eindruck, dass die inklusiven Bestrebungen in Ensemble und Team nachließen.

> [I]ch habe so manchmal das Gefühl, dass man halt relativ schnell wieder so in seinen Theatermodus kommt. Man unterhält sich viel, man guckt irgendwie und merkt gar nicht so richtig, dass da noch jemand ist, der das alles gar nicht mitkriegt. Das finde ich gerade ein bisschen schade. (Interview HM; 61-64)

Mit Näherkommen der Premiere konzentrierte sich jede*r mehr darauf, die eigene Aufgabe gut umzusetzen, weswegen die inklusiven Bemühungen einen Rückgang erfuhren.

7.1.2. Text und Übersetzung

Die Textfassung, die der Inszenierung WOY zugrunde liegt, wurde von der Dramaturgin erstellt. In Ermangelung an Zeit, eine Stückentwicklung mit dem gesamten Ensemble zu erarbeiten, in der das Stück Woyzeck lediglich als Grundlage dient, schrieb sie eine Textfassung, „die offen ist und noch viel möglich macht" (Interview R; 259), in der noch Spielräume für Improvisation und Veränderungen blieben. Die Textfassung ist eine Art Versuchsanordnung, wie das Thema von Woyzeck behandelt, erweitert und verändert werden kann. Mal wird es in einer „regelrechte[n] Theaterszene, wie man sie kennt, mal performativ, mal nur durch die Übertitel, […] Chorisches und so weiter“ (Interview R; 232-233) dargeboten. Durch ihre Fragmenthaftigkeit und die Verschiedenartigkeit der Szenen ist die Textfassung „nicht wirklich greifbar und verstehbar auf logische Weise, sondern höchstens […] erspürbar, dass hier jetzt bestimmte Dinge im Fokus stehen, […] wo einem die Fäden wieder verloren gehen“ (Interview R; 295-297).

Die Dramaturgin berichtete in einem Interview mit der Presse:

> Ich hatte Lust, dieses viel gespielte Stück aufzubrechen und mich auf Ästhetik, Sprache und Kommunikation – gerade in diesem Experiment um Hören und Nichthören – zu konzentrieren. Eine Fassung zwischen Analyse und Intuition. (Prante 2019: o.S.)

Der verkürzte Titel WOY entstand aus der Überlegung heraus, was die Figur Marie in dem Moment sagen könnte, in dem Woyzeck sie ersticht, „zu jedem Stich immer nur WOY, WOY, WOY“ (Textfassung (TF) WOY 2019: 9). Außerdem verwendet Marie in dieser Inszenierung WOY als Spitznamen für die Figur Franz Woyzeck.

Die Dramaturgin ließ in die Erarbeitung ihrer Textfassung auch recherchiertes Wissen über taube und schwerhörige Menschen einfließen. Vorab hatten sie und die Regisseurin sich bereits mit dem tauben Schauspieler und der DGS-kompetenten Schauspielerin getroffen, um sich mit ihnen über die Lebenssituation und Erfahrungen tauber und schwerhöriger Menschen zu unterhalten:

> Ja, sie hat das mitgedacht. Aber das ist natürlich am grünen Tisch ohne Erfahrung fast unmöglich. Also das hat sie auch irgendwann gemerkt, […] also sie kann sich da nicht reinfühlen. […] Und […] ist dann einfach mit diesem ganzen Hintergrundwissen, was sie zu diesem Zeitpunkt hat, hat sich an Tisch gesetzt und hat einfach versucht, zu schreiben und diese Vorlage zu liefern. (Interview R; 283-287)

Während des Probenprozesses wurde die Textfassung mehrmals von der Dramaturgin und der Regisseurin überarbeitet, um z.B. in Improvisationen und Diskussionen entstandene Ideen einzubinden, einzelne Textstellen herauszustreichen oder zu kürzen und den z.T. stark metaphorischen Text klarer zu formulieren, um ihn für taube und schwerhörige Menschen zugänglicher zu machen. Die Dramaturgin drückte bei einer Probe ihre Verunsicherung aus, wie komplex sie den Text formulieren könne, weil sie unterschiedliche Informationen darüber erhalten habe, wie gut die Lesekompetenz tauber und schwerhöriger Menschen ist.

Während der Konzeptionsprobe hatte Nathalie Mälzer dem Theaterensemble und -team einige Erkenntnisse mitgeteilt, die sie durch die Forschung an den bisherigen Inszenierungen, die am Theaterhaus Hildesheim in Kooperation mit dem Projekt Inklusives Theater entstanden waren, erworben hatte. Die Übertitel hätten z.B. in gebärdensprachlichen Situationen nicht ausschließlich den nicht-gebärdensprachkompetenten Publikumsteilen geholfen, die Gebärden zu verstehen, sondern auch gebärdensprachkompetenten Zuschauer*innen, die eine andere dialektale Variation der DGS nutzen. Um die Textfassung in dreisprachiger Form in die Inszenierung einbinden zu können, wurde diese sowohl teilweise in DGS als auch in kreative und klassische Übertitel übertragen. Auf Wunsch der Übersetzer*innen für DGS und DSS wurden in die Textfassung farbliche Markierungen, wann etwas gebärdet, gesprochen oder übertitelt wird und wann einer Kombination von Sprachen gewünscht ist, als Übersetzungs- und Übertitelungshilfe, hinzugefügt.

7.1.2.1. Die Übertitelung

Eine so markierte Textfassung war die Grundlage für die Übertitelung der Inszenierung. Die kreativen Übertitel wurde von den Teilnehmenden des Seminars *Weitere Formen der Barrierefreien Kommunikation für Hörgeschädigte: Inklusives Theater* der Universität Hildesheim erarbeitet. Dieses wurde von zwei Seminarleiterinnen, wovon eine Nathalie Mälzer war, geführt, sowie an zwei Blockterminen von einem Theaterregisseur, der Erfahrung mit Inszenierungen in DLS, DGS und DSS hat, als Lehrbeauftragter gehalten. Im Seminar bekamen die Studierenden zunächst theoretischen Input durch die Lehrenden und die Regisseurin von WOY. Der Lehrbeauftragte erstellte eine Mustervorlage im Programm PowerPoint, wo in der Projektion auf das Bühnenbild die Studierenden Übertitel platzieren könnten. Bei Besuchen der Proben im Theaterhaus konnten die Studierenden bereits Vorschläge für kreative Übertitel im Zusammenspiel mit den Schauspieler*innen ausprobieren. Die Studierenden versuchten auch, Änderungsvorschläge und Ideen direkt während der Probe umzusetzen, was z.T. viel Probenzeit in Anspruch nahm. Den Vorstellungen der Regisseurin konnten die Umsetzungsversuche in den Proben aufgrund u.a. der Veränderung komplizierter Animationspfade häufig nicht gerecht werden, was zu Frustration auf beiden Seiten führte. Das Angebot der Regisseurin, für die Einrichtung der Übertitel die Zeit vor oder nach den Proben und die z.T. mehrstündigen Mittagspause der Theatergruppe zu nutzen, wurde allerdings nicht von allen Studierenden wahrgenommen. Dies lag möglicherweise an der kurzen Vorbereitungszeit von ca. drei bis vier Wochen durch die früh nach Semesterbeginn stattfindenden Aufführungen, den häufigen Textveränderungen und den weiteren Verpflichtungen der Studierenden.

Bei der Nutzung des Bühnenbildes zur Übertitelung musste darauf geachtet werden, dass weiter hinten sitzende Zuschauer*innen den Bühnenboden nah an der Publikumstribüne nicht oder nur begrenzt sehen konnten. Daher mussten Projektionen auf dem Bühnenboden im hinteren Teil der Bühne beginnen. Zudem musste darauf geachtet werden, dass die verschiedenen Tiefenebenen des Bühnenbildes einige Animationspfade nicht zuließen, da die Schrift sonst von einer Ebene auf die nächste gesprungen wäre.

Die Übertitel-Vorschläge wurden schließlich mit dem Lehrbeauftragten, den Seminarteilnehmer*innen, der Regisseurin und der Dramaturgin gesichtet und es wurde besprochen, was bereits gut war und was noch Veränderungen bedurfte. Da einige Studierende nur einzelne Proben im Theater besucht und ihre Übertitelungsvorschläge selten oder gar nicht mit der Regisseurin besprochen hatten, gingen die Vorstellungen, wie die kreativen Übertitel einer bestimmten Szene umgesetzt werden könnten, zuweilen stark auseinander. Nachdem die Studierenden ihre Übertitelvorschläge überarbeitet, korrekturgelesen und bei der Theatergruppe eingereicht hatten, wurden diese z.T. als Videodateien vom Bühnenbildner/Videokünstler, dem beteiligten Musiker und einer der Übertitelseminarleiterinnen in das Programm *Isadora*[7] eingepflegt und im Bühnenbild platziert. In einigen Fällen mussten vom beteiligten Musiker und Bühnenbildner/Videokünstler neue kreative Übertitel erstellt werden, da diese Vorschläge v.a. wegen zu vieler Farben und Animationen nicht zum Konzept der Inszenie-

[7] Die Hersteller*innen beschreiben Isadora folgendermaßen: “The software is an interactive media playback platform that combines a media server, a visual programming environment, and a powerful video and audio processing engine.” (Freedownloadmanager o.J.: o.S.)

rung passten. Bereits während des Einarbeitens stürzten das Programm und der Computer häufig ab, weswegen verschiedene Versuche unternommen wurden, das Problem zu lösen. Zu den Wiederaufnahmeproben in Braunschweig war herausgefunden worden, dass Isadora auf allen Computern das Problem aufweise, häufig abzustürzen, was von den Hersteller*innen noch nicht behoben werden konnte. Im Verlauf des Probenprozesses beschloss die Regisseurin, nicht nur die kreativen Übertitel, welche in die Inszenierung integriert sind, zu nutzen, sondern auch klassische, die den Text in DLS und DGS der auf der Bühne handelnden Figuren in die DSS übertrugen. Sie und die Regieassistentin erstellten daher eine Textdatei mit dem Text als klassische Übertitel, weil diese in Isadora einfacher eingepflegt werden konnte als Videodateien. Letztendlich blieb lediglich eine gebärdensprachliche Szene auf Wunsch der Regisseurin vollständig unübertitelt. Als alle Übertitel in Isadora eingearbeitet worden waren, halfen Student*innen Fehler der Grammatik und Rechtschreibung, sowie die Aufteilung des Textes auf die klassischen Übertitel zu verbessern.

Von Seiten des Übertitel-Seminars war geplant, dass die Studierenden des Seminars jeweils zu zweit pro Aufführung das Fahren der Übertitel übernehmen sollten. Die Dozierenden hatten den Studierenden bereits mitgeteilt, dass sie hierfür die gesamte Inszenierung, sowie alle Übertitel gut kennen müssten, um die Einsätze zu finden und auf eventuelle Improvisationen o.ä. reagieren zu können. Die Regisseurin hatte Bedenken, dass die Studierenden die Einsätze für die Übertitel aufgrund zu geringer Kenntnis der Inszenierung sowie der Übertitel-Dateien, die sie nicht selbst erstellt hatten, und zu wenig Übungszeit nicht finden könnten. Darum bat sie mich, diese Aufgabe zu übernehmen, da ich bei fast allen Proben dabei gewesen war und über DGS-Kenntnisse verfüge. Dabei ließ sie die Möglichkeit offen, dass interessierte Studierende die Übertitel fahren könnten, wenn sie jeder Probe der Endprobenwoche beiwohnen würden. In Gesprächen teilten mir einige Studierende mit, sie seien z.T. aufgrund von Zeitmangel froh, dass ich das Fahren der Übertitel übernommen hatte.

Die Schauspieler*innen übten die Interaktion mit den Übertiteln vor allem in den Proben, nachdem diese bereits in das Programm Isadora eingepflegt worden waren. Der hörende Woyzeck-Schauspieler bezeichnete diese Interaktion als „unglaublich spannend“ (Interview HW; 222). Die hörende Marie-Darstellerin betonte auch, dass sie es gut findet, „wenn im Theater mehrere Künste aufeinandertreffen“ (Interview HM; 120). Während der Proben und Aufführungen stürzte das Übertitelungsprogramm und der Computer z.T. mehrmals ab, sodass ich schnellstmöglich den Computer und/oder das Programm neu starten und an die aktuelle Textstelle springen musste. Da bei Isadora keine der klassischen Übertitel-Folien übersprungen werden können, musste ich häufig auf die nächste Szene oder den nächsten kreativen Übertitel warten, um mit der Übertitelung fortzufahren. In den Proben hatten die Schauspieler*innen bereits gelernt, das Fehlen oder die Verspätung kreativer Übertitel zu überspielen, was dennoch eine zusätzliche Herausforderung und Stress für sie bedeutete.

Eine Einbeziehung tauber und schwerhöriger Personen in den Übertitelungsprozess fand nur durch Anmerkungen des tauben Ensemblemitglieds statt. Ansonsten bildeten die bisherigen Erfahrungen und Forschungen der Seminarleiterinnen und des Lehrbeauftragten die Grundlage für die Erstellung der Übertitel. Die einzige Kontrollinstanz bildete ein tauber Testzuschauer, welcher die Übertitelung als passend und hilfreich u.a. für das Verständnis von Liedern und gebärdensprachlichen Texten, die z.T. einen großen Interpretationsspielraum lassen, empfand.

7.1.2.2. Die Übersetzung in DGS

Während der Konzeptionsproben zu WOY im August wurde darüber debattiert, wie die Übersetzung der zu gebärdenden Textteile durchgeführt werden sollte, da vom Theaterhaus keine gesonderte Zeit und Budget für die Übersetzung eingeplant waren. Zunächst bestand die Idee, den Text an eine Übersetzungsfirma zu übergeben, woran die Regisseurin aber kritisierte:

> Und das ist aber wieder was, was wir ja alle auch nicht wissen: Wo gibt’s denn Übersetzer für sowas? Wo kann ich mich denn hinwenden und sagen: Hier ist ein Team aus einem hörenden Dolmetscher und einem gehörlosen Dolmetscher meinetwegen, die zusammen sich jetzt mit dem ‚Woyzeck‘, also die auch Theaterkenntnis haben, literarisches Gefühl haben, die dann für uns das übersetzen und dann vielleicht sogar eine Sprache finden. (Interview R; 438-443)

Am letzten Tag der Konzeptionsprobe teilte der taube Schauspieler mit, dass er vom Integrationsamt eine Arbeitsassistenz bewilligt bekommen habe, welche ihm Textstellen, die er aufgrund seiner eingeschränkten Lesekompetenz und im Vergleich zu seinen hörenden Kolleg*innen geringen Theatererfahrung nicht verstehen konnte, erklären würde und er somit eine Übersetzung erarbeiten könne.

> Ich habe am Anfang die Sätze gelesen und das waren Formulierungen und Wörter, die kannte ich nicht. Hörenden sind sie durch die alltäglichen Gespräche vertraut, aber mir eben nicht. [...] Zum Beispiel stehen im Drehbuch Redewendungen oder anderes, wie alte Wörter von früher, [...] und das verstehe ich dann nicht. [...] Ich brauche auf jeden Fall eine Person, die das für mich übersetzt, die den Umgang mit der Sprache kennt. Die kann das dann lesen und verstehen. Ich brauche so eine hörende Person als Unterstützung. (Interview TW; 93-106)

Zu Beginn der sechswöchigen Probenzeit teilte er mit, dass die Arbeitsassistenz aufgrund seines Verdienstes doch nicht bewilligt worden war. Der Text war also noch nicht in DGS übersetzt worden.

Die Übersetzung des Texts der Figur Woyzeck und der gebärdensprachlichen Texte der hörenden Profischauspieler*innen oder aller Darsteller*innen gemeinsam wurden hauptsächlich vom tauben Schauspieler in Absprache mit der beteiligten GSD durchgeführt. Zwar hat er als L1-Sprecher der DGS das meiste Sprachwissen, wollte aber nicht alle Entscheidungen allein treffen. Dies war besonders der Fall bei abstrakten, kontextabhängigen und interpretationsbedürftigen Abschnitten und solchen, die bei wortwörtlicher Übersetzung in der DGS keinen Sinn ergeben hätten. Hier wurde auch mit der Regisseurin, Regieassistentin und dem Ensemble die intendierte Bedeutung besprochen und versucht, eine passende und für das taube Publikum verständliche Übersetzung zu finden.

Am ersten Tag der Konzeptionsproben wurde zunächst versucht, durch eine Rhythmusübung und die Übersetzung des Liedtextes von *Für immer und dich* von Rio Reiser in LBG durch die beteiligte GSD mit dem tauben Schauspieler eine Übersetzung in DGS zu erstellen. Dieser fühlte sich so spontan aber nicht in der Lage dazu. Daher erstellte er die Übersetzung zu Hause und beriet sich darüber mit seiner Familie. Wie er sagte, falle seinen Kindern durch die Veränderungen in der Bildung für taube Menschen das Lesen leichter als ihm. Dem Ensemble und der Regie gab er Abbildungen der Gebärden und sendete

Videoaufnahmen, wie er selbst die Textstellen oder Lieder gebärdete. In der Probe übten sie gemeinsam die Textstellen und Lieder in DGS.

Das Lied *Sucht mich nicht*, das zunächst von zwei der hörenden Schauspieler*innen gesungen werden sollten, empfand der taube Schauspieler als so emotional und textlich zur Situation tauber Menschen passend, weil er sich das Gefühl der Einsamkeit darin sehr gut vorstellen könne, dass er es gerne auch gebärden wollte. Er übersetzte den Text in DGS und wurde mit in die Szene eingebunden.

Die Übersetzung der Szene, in welcher vier Figuren anzüglich über die Figur Marie gebärden, wurde besonders intensiv diskutiert, da die schriftsprachliche Vorlage viele Metaphern und andere sprachliche Mittel enthält, für die es keine eindeutige Übersetzung in DGS gibt. Sie wurden in die Bildhaftigkeit der DGS übertragen und versucht, mithilfe von starker Mimik auch für nicht-gebärdensprachkompetente Zuschauer*innen verständlich vorzutragen, da diese Szene ohne Übersetzung in DLS oder DSS blieb. Ein Ensemblemitglied wunderte sich über die Kürze einiger Sätze in DGS, die in der Textfassung länger waren. Daraufhin erklärte der taube Schauspieler, dass es idiomatische Gebärden gibt, die einen ganzen laut- und schriftsprachlichen Satz in einer Gebärde zusammenfassen. Das Ensemblemitglied, das zuvor gedacht hatte, dass man in DGS alles ausdrücken könne, wie in der DLS, empfand sie nun als plump, weil die Übersetzung ihm nicht so bildlich und sprachlich ästhetisch vorkam wie die schriftsprachliche Vorlage. Daraufhin erklärt die GSD, dass die Bildhaftigkeit in der DGS direkter ist als in der DLS und andere Metaphern verwendet werden.

Den Text für ihre Rolle des Andres übersetzte die hörende DGS-kompetente Schauspielerin zunächst mithilfe der beteiligten GSD und fragte anschließend den tauben Schauspieler nach Feedback und Korrekturvorschlägen. Er korrigierte Gebärden und gab Tipps zur Verbesserung z.B. des *Role Shift*[8] zwischen den in der Erzählung handelnden Figuren Woyzeck und Andres. Auch gab er den Hinweis, dass der Text, den Andres von Woyzecks Lippen abliest, in LBG wie-

[8] Role shift wird in Gebärdensprachgrammatik auf zwei Weisen eingesetzt, die sich zum Teil überschneiden können. „First, in its quotational use, it is used to directly report the speech or the unspoken thoughts of a character. […] Second, in its nonquotational use, role shift expresses a character's action, including facial expressions and nonlinguistic gestures. That is, the signer embodies the event from the character's perspective." (Pfau und Quer 2010: 396)

dergegeben werden könne, weil diese verdeutlichen würden, dass es sich um einen gesprochenen Satz handle. Die Verdolmetschungen der Rolle Marie führte die DGS-kompetente Schauspielerin nach Vorbereitung und Absprachen mit dem tauben Schauspieler direkt in den Szenen durch. Auch die beteiligte GSD verdolmetschte die Rollen des Arztes und Chefs direkt während der Aufführungen. Zuvor hatte sie in den Proben unterschiedliche Möglichkeiten der Verdolmetschung ausprobiert, um die beste in den Vorstellungen anwenden, aber dennoch an mögliche Änderungen in der lautsprachlichen Äußerung anpassen zu können. Außerdem übersetzte sie einige Textstellen, die von allen Schauspieler*innen gebärdet wurden, wozu sie auch den tauben Schauspieler um sein Feedback bat. Den Text bereits vor der Probe ohne Absprachen zu übersetzen, sah die beteiligte GSD kritisch. „[W]enn man in den Proben mit dabei ist, dann ändert sich halt auch manchmal einfach dieser Inhalt, weil Übersetzung ist zum Teil auch immer […] Interpretation“ (Interview GSD; 138-140). Um nicht eine bestimmte Interpretation in die Übersetzung zu integrieren, welche die Regisseurin nicht intendiert hatte, wurden viele Textstellen vor oder während der Übersetzung mit ihr besprochen. Der hörenden Schauspielerin hat diese Auseinandersetzung mit dem Text gut gefallen, „weil im Schauspiel sucht man ja auch immer nach den Subtexten und die hat man halt quasi schon mitgedacht, wenn man dann an die Übersetzung für Gebärdensprache gedacht hat“ (Interview HM; 73-74).

Die Regisseurin äußerte nach den ersten Probentagen, dass sie durch die zur Übersetzung genutzte Probenzeit mit der Inszenierungsarbeit zu langsam vorankämen. Häufig ließ sich das durch die beruflichen Verpflichtungen der drei an der Übersetzung hauptsächlich beteiligten Personen und den Bedarf nach Absprache aber nicht vermeiden.

> Und, also diese ganzen Diskussionen, die, die normalerweise an anderem Orte stattfinden, finden halt alle gleichzeitig statt in den Proben. […] Also da ist schon auch ein, so ein Bastelprozess drin, aber eben, ja hier findet das gleichzeitig auf den verschiedensten Ebenen statt. (Interview R; 196-202)

Auch der hörende Woyzeck-Darsteller empfand die zum Teil lange dauernde Übersetzungsarbeit während der Probenzeit als zu zeitraubend für die szenische Probenarbeit. In dieser Zeit waren die hörenden Schauspieler*innen zwar häufig anwesend, konnten aber kaum einen Beitrag zur Übersetzung leisten und auch nicht parallel proben, weil die Übersetzung für die zu probende Szene benötigt wurde. Infolgedessen fehlte die Zeit, um einzelne Szenen oder Szenenabläufe mehrmals und tiefergehend zu besprechen und zu proben, „dass das auch irgendwie eine Chance hat, [...] dass es in den Körper auch übergeht“ (Interview HW; 113-114).

Zum Ende der Probenzeit kritisierte die beteiligte GSD, dass das Verhältnis zwischen Laut- und Gebärdensprache in der Inszenierung unausgeglichen sei und die DGS weniger genutzt werde als die DLS oder DSS. Die Marie-Schauspielerin stimmte ihr darin zu und lernte mithilfe des tauben Schauspielers einige Gebärden, die sie parallel zu ihrem lautsprachlichen Text gebärden konnte. In der Kommunikation mit dem tauben Woyzeck-Schauspieler auf der Bühne, fühlte sie sich merkwürdig, nur DLS zu nutzen.

7.1.3. Probenprozess

Die Proben für die Inszenierung WOY fanden zu jeweils unterschiedlichen Zeiten und in unterschiedlicher Besetzung an den Werktagen statt, da der taube und die hörende, DGS-kompetente Laienschauspieler*in, sowie die beteiligte GSD parallel zum Probenprozess ihrer jeweiligen Arbeit nachgingen. Während ihrer Arbeitszeit wurde häufig bereits mit den hörenden Profischauspieler*innen geprobt.

Die Arbeit an der Inszenierung betrachtete die Regisseurin als „Experiment“ (Interview R; 463), in welchem jede*r Beteiligte eigene Erfahrungen und Vorstellungen einbringen konnte und nicht ausschließlich die Ideen der Regisseurin im Vordergrund stehen sollten. Die Bereitschaft der Schauspieler*innen alle Vorschläge und Ideen wenigstens auszuprobieren, auch wenn sie vielleicht im Anschluss wieder verworfen wurden, begeisterte die Regisseurin. Das Konzept vom Theatermachen, wie es in ausschließlich hörenden Ensembles abläuft, merkte die Regisseurin zu Beginn der Probenzeit an, müsse verändert und ein anderer Weg entwickelt werden, der alle Beteiligten einschließen könne.

Alle Figuren der Inszenierung sollten einzeln oder gemeinsam Textstellen und Lieder in DGS vortragen, welche ihnen der taube Schauspieler beibrachte. Die hörenden Schauspieler*innen baten um Korrektur ihrer Gebärden durch den tauben Schauspieler und darum, die gelernten Textteile in DGS im Verlauf der Probenzeit immer wieder gemeinsam zu wiederholen, um die Gebärden zu verinnerlichen. Auch wenn der taube Schauspieler nicht anwesend war, wurden die Gebärden gemeinsam geübt, wobei eine anwesende DGS-kompetente Person bei Nachfragen um Hilfe gebeten wurde. Während der Proben achteten die Regisseurin und andere Beteiligte darauf, dass gebärdete Texte relativ raumgreifend gebärdet und zum Publikum ausgerichtet vorgetragen wurden. Auch in Szenen, in denen viel Bewegung herrschte, musste zu sehen sein, welche Figur sprach, damit die tauben und schwerhörigen Personen einen Zusammenhang zwischen der Verdolmetschung oder Übertitelung und der sprechenden Figur herstellen konnten.

Zum Aufwärmen des Körpers wurden mehrmals Bewegungsübungen durchgeführt. Die Anweisungen der Übungen wurden zunächst von der Regisseurin gegeben und in DGS gedolmetscht. Die Übungen selbst funktionierten größtenteils ohne Sprache, z.B. durch Nachahmung der anderen Personen. Wenn doch etwas gesagt wurde, was der taube Schauspieler nicht wahrnahm, machten ihn die anderen darauf aufmerksam oder eine der GSD dolmetschte das Gesagte. Von der Regisseurin wurden diese Übungen z.T. auch zur Vermittlung ihrer inszenatorischen Vorstellungen genutzt. Die Erschöpfung, welche in einer Raumlaufübung mit unterschiedlichen Geschwindigkeits- und Intensitätsstufen in den Stufen eins und zwei den Blick und Körper nach innen kehren ließ, sollten die Woyzeck-Darsteller z.B. mit in ihr Spiel übernehmen. Auch Improvisationen dienten mehrmals als Ausgangspunkt einer Szenenentwicklung. Den Text sahen sich die Schauspieler*innen zuvor an und sollten ihn grob im Kopf haben, improvisierten dann aber nach Anweisung der Regisseurin, wie der Text z.B. nur mit Pantomime dargestellt werden kann. Ein weiteres Beispiel für die Offenheit der Textfassung stellt die Aussage der beteiligten GSD dar, dass sie es beeindruckend finde, wie taube Menschen Tiere nachahmen können und ihre Bitte an den tauben Schauspieler, einige Beispiele davon vorzustellen. Die Regisseurin war begeistert von den Beispielen, sodass sie vorschlug, eines der Tiere in die Inszenierung aufzunehmen. Schließlich übernahmen drei Schauspieler*innen die Rolle von Gorillas, welche sich auf aufdringliche Weise den anderen betrunkenen Figuren näherten.

Um den Schauspieler*innen eine Verortung der Szenen im Stückverlauf zu vermitteln, erklärte die Regisseurin mehrmals, aus welcher Szene die Figuren gerade kämen, welche Szene im Anschluss kommen würde und in welcher körperlichen und mentalen Verfassung sie sich befänden. Sie gab auch Hintergrundinformationen zur Textfassung und den darin enthaltenen wahren Begebenheiten, wie die Hinrichtung von Johann Christian Woyzeck und Femiziden in Hildesheim und Deutschland.

Anders als in Projekten mit komplett hörendem Ensemble, konnte die Regisseurin während der Proben Anweisungen an die Schauspieler*innen nicht direkt sagen, ohne die Szene zu unterbrechen, „weil wir alle mitnehmen wollen" (Interview R; 185-186). Zwar gab sie dem tauben Schauspieler, während die Probe lief, manchmal durch Gesten oder einzelne Gebärden zu verstehen, wohin er sich bewegen und welchen Text er gebärden sollte. Besonders zu Anfang der Probenzeit sprach sie aber gelegentlich eine Anweisung, während der taube Schauspieler gerade auf der Bühne agierte, weswegen eine der GSD sich in seine Sichtlinie stellen oder die Szene abgebrochen werden musste. Wenn der taube Schauspieler nicht bemerkte, dass die Szene abgebrochen wurde und seine Rolle weiterspielte, machten ihn häufig andere Schauspieler*innen durch eine Berührung oder Bewegung in seinem Sichtfeld darauf aufmerksam. Manchmal mussten aber auch sie daran erinnert werden, ihrem Kollegen ein Zeichen zu geben.

Um das Zusammenspiel und gemeinsame Körpergefühl der beiden Woyzeck-Schauspieler zu stärken, wurden sie in einer Übung mit Gummiband auf Taillenhöhe zusammengebunden und versuchten so, sich gemeinsam zu bewegen und Handlungen auszuführen. Zum Zusammenspiel der beiden Woyzeck-Darsteller meinte der hörende:

> Wenn es nur ums Körperliche geht oder so, habe ich das Gefühl, geht, gibt es ganz, ganz viel, was gemeinsam geht [...]. Da habe ich das Gefühl irgendwie, [...] ist ja gar nicht ein Umweg über die [Kommunikation], sondern man ist beisammen und [...] man macht dasselbe. [...] So immer wenn es dann um dialogischere Dinge geht, also wo dann jemand anderes ist und es wird gesprochen und gebärdet. Und dann gibt es halt immer diesen Knoten [...]. Wen schaut jetzt [HM] oder [der hörende Schauspieler] an? (Interview HW; 178-186)

Diese Problematik betonten auch die anderen hörenden Schauspieler*innen, weswegen häufig festgelegt wurde, wann jemand den hörenden oder den tauben Woyzeck ansehen oder welcher von beiden eher vorne und welcher eher hinten stehen sollte.

Die laut- und gebärdensprachlichen Texte der Woyzeck-Darsteller zeitlich aufeinander abzustimmen, stellte ebenfalls eine Herausforderung an die Schauspieler dar. So trat in den Proben mehrmals die Situation auf, dass der hörende Darsteller bereits begann, den Text zu sprechen, den sie gemeinsam in DLS und DGS vortragen sollten und der taube Darsteller unsicher war, wann er mit seinem Text beginnen solle oder nicht mehr wusste, welche Textstelle oder Handlung in der Szene darauf folgen müsse. Andersherum fiel es dem hörenden Woyzeck-Schauspieler schwer, seinen Text und Einsatz zu finden, wenn der taube Schauspieler etwas anders als bisher geprobt gebärdete. Er argumentierte, dass er aufgrund seiner fehlenden DGS-Kompetenz zwar darauf achten könne, dass er mit dem tauben Woyzeck-Schauspieler gemeinsam beginne, aber nicht wann dieser was gebärde, da es ihn von seinem eigenen Text ablenken würde.

Wenn in der Probe einer Szene Momente auftraten, in denen der taube Schauspieler die lautsprachlichen Äußerungen seiner Kolleg*innen auf der Bühne nicht wahrnehmen konnte und daher nicht wusste, an welcher Textstelle sie gerade waren, wurde der Aufbau der Szene verändert oder Cues (dt. Hinweise) verabredet, um ihm ein visuelles oder taktiles Zeichen für seinen Auftritt oder Texteinsatz zu geben. So begann z.B. die Figur Marie, die mit dem Baby mit Blick zum Publikum auf der Bühne saß, das Baby zu wiegen, wenn der taube Schauspieler auftreten soll und hielt es sich vertikal an die Schulter als Zeichen, dass er näherkommen soll. Der hörende Woyzeck-Darsteller merkte an:

> Wobei ich halt dachte, gerade wenn, wenn wir uns diese Rolle, wenn wir die zusammen spielen, dass gerade ich ihm dann oftmals Zeichen geben müsste. Aber gerade wenn wir es zusammen machen, dann ist ja ganz viel Abnehmen von, von, von jemandem, der halt gerade spricht, also einem Dialogpartner. Und dann läuft es eigentlich eher darüber, dass [TW] es von sich aus mit, also über den Dialogpartner mitkriegt, dass er jetzt dran ist. (Interview HW; 287-291)

Während einer der hörenden Schauspieler ein Lied sang, welches der taube Schauspieler gebärdete, saß die Regieassistentin in der ersten Reihe des Publikums und gab einzelne Gebärden als Cues für den Einsatz einer neuen Textzeile und Erinnerungshilfe, welche Zeile als nächstes gebärdet werden sollte. Als ein Text von der Gruppe gemeinsam gebärdet werden sollte, übernahm der taube Schauspieler das Zeichen für den Anfang. Den Einsatz für gebärden und Gesang bei einem der Lieder gab einer der hörenden Schauspieler durch Einzählen in DLS und DGS. Auch die Übertitelungen dienten zuweilen als Cues für den Auftritt oder bestimmte Textteile der Schauspieler*innen.

Nachdem der hörende dem tauben Woyzeck-Darsteller einmal spontan gezeigt hatte, wie er beim Mord an Marie das Messer halten und Marie zu sich heranziehen könnte, bat der taube Darsteller ihn später darum, ihm nochmal zu zeigen, wie er die Handlung ausführen würde. Die Regisseurin erachtete diese Zusammenarbeit als hilfreich und bat danach den hörende mehrmals, dem tauben Woyzeck-Darsteller zu zeigen, wie er eine Aktion auf der Bühne ausführen kann oder eine Handlung, die sie als Woyzeck gemeinsam ausführen sollen, zuerst vorzustellen, sodass der taube es kopieren konnte.

Zur zweiten Hauptprobe hatte der taube Beteiligte einen tauben Freund eingeladen, der sich die Probe ansah und Feedback gab. Er lobte die ausdruckstarke Mimik aller Schauspieler*innen und meinte, dass es in dem kleinen Theaterhaus Hildesheim einfacher sei, die Mimik und Gebärden auf der Bühne sehen zu können als in größeren Theatern. Außerdem empfand er die Übertitelung als wichtig für das Verständnis der gesprochenen und gebärdeten Inhalte, da durch regionale Variation und die Kontextabhängigkeit der Gebärden nicht immer klar zu erkennen wäre, welche Bedeutung gemeint sei.

7.2. Auf der Bühne: Die Inszenierung

Laut der künstlerischen Leiterin des Theaterhauses hatte die erste Regisseurin geplant, durch die Inszenierung Woyzecks mit tauben und hörenden Schauspieler*innen die „Sprachlosigkeit des Woyzeck“ (Interview KL; 449) darzustellen. Die an der Inszenierung WOY beteiligte GSD sieht eine solche Interpretation eher kritisch, weil

> der Woyzeck an sich, seine Situation, das ist etwas, was alle Menschen haben. […] [D]a gibt es bestimmt Parallelen, weil sie (die tauben Menschen; Anm. Kiok) auch sehr viel gesellschaftlichen Zwang hatten früher. […] [Allerdings] muss man

> schon vorsichtig sein, jetzt zu sagen: So, die Gehörlosen werden jetzt wahnsinnig dadurch. (Interview GSD; 107-114)

Den Woyzeck aufgrund der Ausgeschlossenheit und Andersartigkeit der Titelfigur mit tauben Menschen zu inszenieren, hinterfragte auch der hörende Woyzeck-Darsteller. „Und inklusiv heißt ja eigentlich so: In den Kategorien denken wir nicht“ (Interview HW; 410-411). Die von Manuela Hörr erarbeitete Inszenierung WOY zielte nicht auf eine solche Interpretation ab.

Mit dem Dramenfragment Woyzeck beabsichtigte Georg Büchner die Lebensumstände der armen Menschen seiner Gesellschaft zu kritisieren. Wird Woyzeck mit tauben und hörenden Schauspieler*innen inszeniert, kann eine Kritik an den Lebensumständen tauber Menschen in der Gesellschaft darin eingewoben werden. Die Inszenierung WOY stellte aber eher ein Experimentierfeld dar, was in der Zusammenarbeit tauber und hörender Schauspieler*innen ästhetisch und sprachlich möglich ist und wie durch eine Kombination der drei Sprachen DGS, DLS und DSS eine Inklusion im Publikum erzeugt werden kann. Inhaltlich konzentriert sich WOY weniger auf die prekäre Kommunikationssituationen, denen taube und schwerhörige Menschen tagtäglich begegnen, sondern verlagert sich auf die Situation der Figur Marie und damit auf eine Auseinandersetzung mit dem Thema Femizid, mit Fokus auf den Mord eines Partners an seiner Partnerin. Die Szene, in der Woyzeck Marie ersticht, wird vom tauben Schauspieler dargestellt. Als er auf die Bühne tritt, steht Marie, die mit dem Baby auf einem Hocker sitzt, auf und spricht Woyzeck an. Als sie ihn umarmt, ersticht er sie. Marie sinkt zu Boden. Als der taube Woyzeck-Schauspieler abgegangen ist, erwacht sie wieder und spricht über Woyzeck. Dieser tritt erneut auf und die Szene beginnt diesmal schneller von vorn. Sobald Marie tot am Boden liegt, steht sie wieder auf, spricht ihren Text und wird, nachdem sie versucht hat, Woyzeck abzuwehren, erneut von ihm erstochen. Diesmal stirbt Marie nicht. Sie bleibt stehen. Woyzeck und sie sehen sich an, dann ins Publikum. Er sticht noch dreimal zu. Später in der Inszenierung dreht sich die Szene um. Der hörende Woyzeck-Schauspieler tritt zu Marie, spricht den Text, den vorher sie zum tauben Woyzeck-Darsteller gesagt hat und wird von ihr erstochen. Mit jedem Stich sagt Marie einen Grund, warum sie ihn ersticht. Die Regisseurin will mit der Wiederholung und Umkehrung der

Mordszene die Häufigkeit der Femizide zum Ausdruck bringen. Viel seltener dagegen bringt eine Frau ihren Partner um. Marie stirbt in dieser Inszenierung nicht. Auch als sie am Ende der Inszenierung vom hörenden Woyzeck-Darsteller erneut erstochen wird, obwohl der taube versucht hat ihn aufzuhalten, stirbt Marie nicht. Ihr Widerstand gegen das Sterben und die utopischen Szenen, welche sie sich wünscht und immer wieder in der Inszenierung erarbeitet, in denen alle Figuren liebevoll miteinander umgehen, befassen sich mit der Frage, ob nicht die Gesellschaft und ihre und Woyzecks Lebensumstände darin auch anders sein könnten. Sie reflektiert in einem Monolog, dass individuelle Krisen nicht das Versagen einer bestimmten Person darstellen. Sie „sind Ausdruck gesellschaftlicher Krankheit, die von Einzelnen ausgetragen wird" (TF WOY 2019: 15). Die Probleme der einzelnen Person sind also begründet in den gesellschaftlichen Missständen, was den Grundgedanken Büchners wieder aufgreift. Ein*e Zuschauer*in kommentierte hierzu: „Jeder könnte in jeder dieser Rollen stecken, jeder ist Woy und Woy ist jeder." (T2; 5/P)

Die Übergänge zwischen den Szenen sind abrupt. Die im Drama Woyzeck bereits umstrittene Chronologie wurde bei WOY noch weiter aufgebrochen. Die aufeinanderfolgenden Szenen stehen zumeist in keinem Zusammenhang. Marie wird zum ersten Mal umgebracht, bevor sie mit dem Musiker getanzt hat oder intim geworden ist. Sie liest einen Bericht über die Ursachen von Woyzecks psychischer Krankheit, versucht weitere Ursachen in ihrem Verhalten und dem der anderen Figuren zu finden und durch das Lesen der Bibel Antworten zu finden.

Währenddessen werden die Lebensumstände Woyzecks aufgezeigt. Um Marie und sein uneheliches Kind mit ihr zu ernähren, muss er für den Chef sinnlose und wiederholungsreiche Arbeit verrichten, während dieser ihm sein Leid klagt. Er muss an einem entwürdigenden Ernährungsexperiment des Arztes teilnehmen, in dem er monatelang nur Erbsen essen darf und vom Arzt getadelt wird, weil er einmal seinen Harndrang nicht kontrollieren konnte und an eine Wand urinierte, statt seinen Urin vom Arzt untersuchen zu lassen. Woyzecks Halluzinationen, die in der Inszenierung WOY v.a. in der Interaktion mit den Übertiteln zum Ausdruck kommen, machen ihn für den Arzt nur zu einem noch interessanteren Forschungssubjekt. Schließlich bemerkt er, dass Marie sich mit einem anderen Mann, dem Musiker, trifft und Geschenke von ihm bekommt und wird von diesem brutal gezwungen, Alkohol zu trinken. Die Kommunikation zwischen Woyzeck und den anderen Figuren ist von Missverständnissen geprägt, was als Anspielung auf die Kommunikationssituationen tauber und schwerhöriger Menschen mit Hörenden verstanden werden kann. Von einer Darstellung oder tiefgehenden Reflexion der Lebensumstände tauber und schwerhöriger Menschen wird mit der Inszenierung WOY allerdings abgesehen. Vielmehr wird versucht, ein Theaterstück mit einem Ensemble von tauben und hörenden Schauspieler*innen für ein Publikum aus tauben, schwerhörigen und hörenden Menschen gleichermaßen zu inszenieren, ohne dabei den Fokus auf die Taubheit des Schauspielers zu legen. Hierfür wurde neben der Nutzung der drei Sprachen DGS, DLS und DSS in verschiedenen Zusammensetzungen und Übersetzungsrichtungen auch Improvisationen und Einfälle des Ensembles einbezogen.

Am Ende der Inszenierung bleiben viele Fragen offen, was eine*r der Umfrageteilnehmer*innen als Anregung zum Nachdenken empfand. Eine andere Person erklärte auch: „Ich habe das Stück zweimal gesehen und konnte beim zweiten Mal Neues sehen und neue Zusammenhänge knüpfen. Ich glaube, das würde auch noch ein zweites und drittes Mal so funktionieren.“ (T2; 5/M) Eine*r der tauben Zuschauer*innen merkte auch an: „Wenn man den Inhalt nicht kennt, dann versteht man nicht. Das ist genauso wie die Hörenden.“ (T2; 27/M).

7.3. Vor der Bühne: Das Publikum

7.3.1. Accessibility im Theaterhaus Hildesheim

Das Theaterhaus Hildesheim bemüht sich darum, sein bisheriges Stammpublikum zu erweitern. Besonders eine Diversität des Publikums wird in diesem Zusammenhang angestrebt. Daher wurde auch in der Vorbereitung von WOY versucht, weitere Barrieren für taube und schwerhörige Zuschauer*innen abzubauen.

Die Reservierung der Tickets konnte im Theaterhaus bereits zuvor online durchgeführt werden. Bezahlt und abgeholt wurden die Karten erst bei Betreten des Theaters. Nach dem Besuch zweier DGS-Kurse konnten die künstlerische Leitung des Theaterhauses und Produktionsleiterin von WOY sich beim Ticketverkauf auch mit den tauben und schwerhörigen Zuschauer*innen unterhalten.

Bevor die Aufführung begann, gaben die beiden eine kurze Einführung in DLS und DGS, wobei eine von beiden sprach und die andere gebärdete. Zu einer Aufführung, bei welcher beide nicht anwesend sein konnten, wurde eine GSD bestellt, die an der Kasse dolmetschte, wenn gebärdende Zuschauer*innen ihre Karten abholten, und die den Einführungstext verdolmetschte.

Während der Probenzeit gab es Überlegungen, ob es ein Programmheft in einfacher Sprache geben solle, in welchem das Stück und die Figuren vorgestellt werden. Die Regisseurin merkte aber an: „Das ist zum Beispiel auch ein Punkt, wo ich wirklich auch überfordert bin, weil es wirklich alles von mir verlangt wird [...], gefühlt." (Interview R; 614-615) Daher hätte sie sich eine zusätzliche Person gewünscht, welche diese Aufgabe übernommen hätte. Letztendlich wurde kein Programmheft erstellt.

Da das Theaterhaus über einen relativ kleinen Theatersaal verfügt, wurde in Absprache mit dem tauben Schauspieler beschlossen, keine Sitzplätze für taube und schwerhörige Zuschauer*innen festzulegen, sondern sie selbst ihren Sitzplatz wählen zu lassen.

Das Bühnenbild für WOY (siehe Abb. 4) wurde in Hinblick auf die Nutzung von Theaterübertitelung als Projektionsfläche aus weißer Plane designt. Es besteht aus drei viereckigen weißen Säulen unterschiedlicher Breite, wovon die schmalste vorne links, die zweite hinten links und die breiteste hinten rechts auf der Bühne platziert wurden. Die erste und zweite und die zweite und dritte Säule sind jeweils mit einem weißen Balken miteinander verbunden. Auch der Boden und eine Leinwand, die an der Rückseite der Bühne auf dem Boden steht, sowie mehrere kleine und ein großer Quader sind weiß. Zu den beweglichen Bühnenbildelementen gehören außerdem drei grüne Gymnastikbälle. Die Quader und Bälle werden genutzt, um unterschiedliche Settings für die verschiedenen Szenen aufzubauen. So dienen z.B. die kleinen Quader mal als Hocker, mal als Begrenzung eines Boxrings. Das Kostümbild besteht aus grauen Overalls aus weichem Stoff und einem oder mehreren zusätzlichen Details für jede Figur. Um zu verdeutlichen, dass der hörende und der taube Woyzeck-Schauspieler dieselbe Figur darstellen, legen sie in einer Szene gespiegelt zueinander das gleiche graue Halstuch an. Bei der Erstellung und Anprobe des Kostümbildes wurde darauf geachtet, dass die Gebärden und die Mimik der Figuren nicht in ihrer Sichtbarkeit eingeschränkt werden. Durch ihre einheitlich graue Farbgebung können die Overalls ebenfalls als Projektionsflächen genutzt werden. Bei den Handrequisiten musste besonders beim Baby darauf geachtet werden, dass die gebärdende Figur es vor ihrem Text einer anderen Figur übergibt oder mit einer Hand verständlich gebärdet. Bei der Einrichtung des Bühnenlichts war darauf geachtet worden, dass in jeder Szene die sprechenden und gebärdenden Figuren gut beleuchtet sind. Außerdem werden über das Licht Stimmungen und Atmosphären vermittelt. Der taube Testzuschauer lobte die Lichteinstellungen. Die Aufführung endet mit einer unbeleuchteten Bühne. Damit der Applaus des Publikums gesehen werden kann, wird nicht nur das Bühnenlicht, sondern auch das Publikumslicht aufgeblendet.

7.3.2. Sprachnutzung, -übertragung und -rezeption

Während des Inszenierungsprozesses stellte sich der Regisseurin die Frage, inwiefern die Sprachnutzung in WOY barrierefrei oder inklusiv sein sollte. Wenn die Sprachnutzung barrierefrei gestaltet sein sollte, müsste jedes Wort in allen drei auf der Bühne präsentierten Sprachen dargeboten werden. „Aber das würde ja auch bedeuten, ich kriege wirklich eine Flut an Informationen auf den verschiedensten Kanälen. Und […] habe ich dann noch die Möglichkeit als Zuschauer und Zuschauerin, mal in ein Gefühl einzutauchen irgendwo?“ (Interview R; 507-509) Stattdessen sollten die drei Sprachen auf der Bühne in einer Weise eingesetzt werden, dass „jede und jeder sich mal einhaken kann und wieder raus ist aus dem Spiel“ (Interview R; 516).

Bevor die Inszenierung WOY an sich beginnt, wird ein Stummfilm in schwarz-weiß auf die rückwärtige Leinwand projiziert. Darin spielt der taube Schauspieler alle Rollen bis auf die Figur Marie, die von der DGS-kompetenten Schauspielerin verkörpert wird. Alle Texte werden gebärdet und direkt im Anschluss durch Zwischentitel in DSS übertragen, wobei der Text in DGS und DSS relativ ähnlich zueinander ist. Der Stummfilm fasst die Handlung des Dramenfragments Woyzeck zusammen, wobei er sich näher am Original orientiert als die Inszenierung WOY. Die Zuschauer*innen sollen zunächst mit der Handlung von Woyzeck vertraut gemacht werden, um ein besseres Verständnis für die darauffolgende Inszenierung WOY, in welcher die Chronologie und Handlung weiter aufgebrochen wird, zu ermöglichen. Der taube Schauspieler betonte, dass es für taube Menschen besonders wichtig sei, vor Inszenierungsbeginn die Handlung in Zusammenfassung zu sehen, da viele mit der Thematik des Woyzeck und der Theatersituation an sich noch nicht vertraut seien. Ein*e taube*r Zuschauer*in gab in der Umfrage an, dass der Stummfilm ihm*ihr zum Verständnis der Inszenierung geholfen habe. Auch viele der hörenden Umfrageteilnehmer*innen empfanden den Stummfilm als hilfreich, da die Inszenierung ohne Vorkenntnisse sonst nicht zu verstehen gewesen wäre. „Die Zusammenfassung der Handlung im Stummfilm am Anfang hat wie ein Text im Programmheft gewirkt. Danach kam es auf einzelne Worte nicht mehr an.“ (T2; 21/L) Ein*e Zuschauer*in hätte es aber als ansprechender empfunden, wäre der Film mehr in die Inszenierung integriert worden. Eine andere Person bedauerte, „dass man das nicht im Stück auch ohne den Film hinbekommen hat“ (T2; 18/L). Die Idee, die Handlung zunächst als Stummfilm zusammenzufassen, hatte die Dramaturgin, da im Genre des Stummfilms die sprachlichen Äußerungen nicht zu hören seien und taube, schwerhörige und hörende Zuschauer*innen daher den gleichen Ausgangspunkt hätten. Die Nutzung der DGS im Stummfilm bevorteilt die gebärdensprachkompetenten Zuschauer*innen. Da die sprachlichen Äußerungen im Anschluss als Zwischentitel in DSS eingeblendet werden, wird die gewohnte Übertragungsrichtung umgekehrt, in der die hörenden Zuschauer*innen Filme und Theateraufführungen in Lautsprache problemlos verstehen können und taube und schwerhörige Zuschauer*innen auf die Unter- bzw. Übertitelung angewiesen sind.

Die Figur des Franz Woyzeck kann in der Inszenierung WOY durch ihre Doppelbesetzung in Form von zwei Personen auftreten, die einander z.T. spiegeln oder Aktionen gemeinsam in ergänzenden Bewegungen ausführen. Wenn sie gemeinsam auf der Bühne sind, gebärdet der taube Woyzeck-Schauspieler den Text, während der hörende Woyzeck-Schauspieler ihn parallel dazu oder zeitversetzt spricht. Zumeist ist dabei der gebärdensprachlich formulierte Text schneller beendet als der lautsprachliche. Zum Teil ist dies in der Simultanität der DGS begründet, wodurch Elemente eines Satzes auf verschiedenen Ebenen (z.B. durch Gebärden und Mimik) parallel zueinander formuliert werden können, während in der DLS fast alles nacheinander formuliert werden muss. Zuweilen bedarf demgegenüber der gebärdensprachliche Text einer ausführlicheren Formulierung, wodurch der hörende Woyzeck-Darsteller seinen Text bereits beendet hat, während der taube diesen noch gebärdet. Von einer Anpassung der Äußerungsdauer in DGS und DLS wurde abgesehen, da die beteiligte GSD betonte, dass so die Unterschiede zwischen den Sprachen aufgezeigt werden könnten. In einer Szene wird ein Monolog Woyzecks von den beiden Darstellern abwechselnd Satz für Satz dargeboten. In anderen Szenen wiederum tritt nur einer der beiden Darsteller auf und kommuniziert mit den anderen Figuren in seiner jeweiligen Sprache. Mehrere der hörenden Umfrageteilnehmer*innen empfand die Parallelität von DGS und DLS der Figur Woyzeck gut für das Verstehen der Gebärden. „Das Zusammenspiel der zwei Figuren hat mich besonders angesprochen." (T2; 11/E) Eine andere Person meinte hingegen: Diese Sprachverwendung „wirkte für mich leider immer nur, als würde die Gebärden die Lautsprache übersetzen, die Lautsprache hatte in den Szenen zu viel Fokus." (T2; 12/E) Eine*r der tauben Zuschauer*innen kommentierte zur Doppelbesetzung des Woyzeck: „Ich finde es normal, wenn man zwei Personen spielen, eine für Gebärden und andere für Sprechen." (T2; 27/E)

Die Figur des Musikers spricht in nahezu allen Szenen in DLS. Er wird nicht verdolmetscht, sondern von klassischen Übertiteln in DSS übertragen. Nur in einer Szene, in der er sich anzüglich mit drei anderen Figuren über die Figur Marie unterhält, gebärdet er. Als er in einer utopischen Szene ein Lied singt, während der taube Woyzeck-Darsteller neben ihm sitzt und es gebärdet, gebärdet auch er einzelne Wörter mit. Der Arzt spricht ausschließlich in Lautsprache und macht manchmal ikonische Gesten dazu, um Woyzeck zu verdeutlichen, was er meint. Der taube Testzuschauer meinte, er habe mithilfe seines Hörgeräts wahrnehmen können, wenn der Arzt in einem Wutausbruch geschrien habe. Aber auch durch die Mimik des Schauspielers konnte er erkennen, ob dieser gerade mit lauter oder ruhiger Stimme sprach. Den Arzt begleitet eine Assistentin, welche ihn durch ihre Handlungen unterstützt und seine längeren Textstellen in DGS verdolmetscht. Mehrmals spricht der Arzt mit dem tauben Woyzeck-Schauspieler, während die Assistentin mit dem hörenden gebärdet. Der Chef spricht größtenteils und verwendet dabei nur vereinzelt Gebärden. Auch er wird von der beteiligten GSD, die auf einem der weißen Hocker neben der Szene sitzt, während er auf die Woyzeck-Schauspieler einredet, in DGS verdolmetscht. Einem*einer Zuschauer*in gefiel die Gebärdensprachverdolmetschung von DLS zu DGS nicht. „In diesen Situationen erschien mir die DGS sehr stark als Sekundärsprache in Form einer Übersetzung.“ (T2; 13/F)

Besonders zum Ende der Inszenierung hin tritt die Figur des Musikers häufiger auf als zu Anfang. Im Gegensatz zu ihm fügt die Figur Marie zu fast jedem ihrer lautsprachlichen Texte auch einzelne bis viele Gebärden hinzu. Einen ihrer Texte, der unübertitelt bleibt, gebärdet sie vollständig, wobei sie einzelne Wörter flüstert. Textstellen, in denen Marie mit dem Musiker, Arzt oder ihrem Kind spricht, bleiben ohne Verdolmetschung in DGS und werden zumeist klassisch übertitelt. Zwei ihrer Texte werden von der DGS-kompetenten Schauspielerin, die an der vorderen Säule steht, gedolmetscht.

Die Figur Andres, welche von der DGS-kompetenten Schauspielerin gespielt wird und die nur in einer Szene auftritt, ist selbst taub und gebärdet. Der Monolog dieser Figur ist eine Kombination aus Erzählung und Redewiedergabe. Letzteres wird durch die in Gebärdensprachen typische Technik des Role Shift, zu einem von Andres erlebten Dialog zwischen ihm selbst und der Figur Woyzeck, der darin denkt, er sei taub geworden. Wenn in Andres Erzählung Woyzeck etwas sagt, werden einige Sätze von den beiden Woyzeck-Darstellern, die neben dem erhöht stehenden Andres mit Blick zu ihm stehen, parallel dazu gebärdet und gesprochen. Da es der Regisseurin wichtig war, dass alle Zuschauer*innen in dieser Szene den Inhalt verstehen können, ist sie klassisch übertitelt.

Die beteiligte GSD und die DGS-kompetente Schauspielerin gebärden und sprechen in der Rolle der Typen zumeist parallel. Manchmal übernimmt aber auch eine von beiden den Text in DLS, wobei die andere ihn in DGS vorträgt.

In mehreren Szenen haben die Darsteller*innen keine klare Rollenzuweisung. Hier gebärden und sprechen bzw. singen sie gemeinsam oder einzeln. Zwei der hörenden Zuschauer*innen empfanden es als hilfreich und interessant für das Verständnis, wenn die hörenden Schauspieler*innen gleichzeitig sprachen und gebärdeten. Viele der Zuschauer*innen lobten die unterschiedlichen Kombinationen der DLS und DGS miteinander. „Die Gebärdensprache ist eine sehr bildliche, die die Möglichkeiten der Darsteller erweitert.“ (T2; 21/J) Weitere Zuschauer*innen wünschten sich, dass „DGS öfter in Theaterstücken miteingebunden werden würde“ (T2; 9/N) und waren z.T. „sogar neugierig geworden diese zu erlernen“ (T2; 6/M).

In einer Szene, in der Marie allein einen Text gebärdet und einer, in der sich der Musiker mit drei Typen in DGS anzüglich über Marie unterhält, gibt es keine Übertragung in DLS oder DSS. Hier sollen die hörenden Zuschauer*innen die Erfahrung machen, etwas nicht zu verstehen und den Zugang verwehrt zu bekommen. Aber auch die anderen Publikumsteile sollen immer wieder mit dem Nicht-Verstehen konfrontiert werden. „Also im Grunde genommen: Gleiches Recht für alle gleich verwirrt zu sein.“ (Interview GSD; 158-159) „Aber eben diese Balance hinzukriegen, [...] dass ich dennoch mitkomme, was da passiert gerade grob“ (Interview R; 499-500). Besonders von den hörenden Zuschauer*innen, die im Gegensatz zu den tauben und schwerhörigen Zuschauer*innen bisher noch keine oder wenig Erfahrung mit einer solchen Situation gemacht hatten, wurde kommentiert, dass sie zwar textlich nicht alles verstanden, den „groben Sinn“ (T2; 10/I) aber erfasst hätten. Eine Person betonte, dass hierdurch die „Mimik und Gestik zum Ausdruck“ (T2; 14/I) kam. Eine der tauben Personen bemängelte allerdings: „[W]enn es in DGS so schnell gebärdet wird, versteht man nicht alles.“ (T2; 27/I)

In der Inszenierung WOY wurden elf der 27 Szenen mit ausschließlich klassischen Übertiteln versehen, drei Szenen haben nur kreative Übertitel und zwölf Szenen haben eine Mischung aus klassischen und kreativen Übertiteln. Eine Szene und einzelne Textstellen blieben vollständig unübertitelt. Die Texte in den klassischen Übertiteln wurden zwar z.T. etwas gekürzt und/oder grammatikalisch und lexikalisch vereinfacht, doch zum Großteil so übertragen, wie sie lautsprachlich geäußert oder als Grundlage für den gebärdensprachlichen Text in der Textfassung formuliert wurden. Die kreativen Übertitel sollten eine Ästhetik haben, die nicht nur zum inhaltlichen Verständnis, sondern auch zur inklusiven Wirkung der Inszenierung beiträgt, weswegen ich nun einige Beispiele hiervon vorstelle.

In einer Szene mit dem Arzt und der Assistentin berichten die Woyzeck-Darsteller jeweils in DGS und DLS von ihren Halluzinationen. Einige Sätze bevor der Text gebärdet und gesprochen wird, erscheint auf der rechten Säule grüne Schrift, deren Buchstaben wild durcheinander stehen. Langsam sortieren sie sich in die richtige Reihenfolge. Als der Satz „Die Sprache der Gewächse im Wald, die müsste man verstehen können." (TF WOY 2019: 6) von den Schauspielern geäußert wird, kann man ihn auch in grüner Schrift an der Säule lesen. Bei diesem kreativen Übertitel wird die Aussage des Satzes durch die Farbgebung und Bewegung der Buchstaben bereits vor dessen laut- und gebärdensprachlicher Äußerung abstrakt antizipiert. Die wirren inneren Stimmen Woyzecks werden hier durch die Textaussage und seine visuelle Darstellung verdeutlicht.

> Oder er spricht von einer Sprache, die er nicht fassen kann, die er irgendwo sieht in der Natur. Und das sind so Dinge, die wir versuchen, eben aufzugreifen auch in den Titeln, dass das da sichtbar wird, dass da was nicht verstehbar ist und sich dann erst herausbildet zu einem Satz. (Interview R; 249-252)

Als Marie einen Abschnitt aus der Bibel vorliest, erscheint derselbe Text an der hinteren Leinwand als Kreuz in roter Schrift. Während Marie sich hinkniet und versucht zu beten, erscheinen an der Leinwand, den Säulen und dem Boden Zeitungsmeldungen über Männer, die ihre Partnerinnen umgebracht haben, als würden sie buchstabenweise in eine Schreibmaschine getippt werden. Marie wischt mit der Bibel die Wörter ‚Ex-' und ‚ersticht' aus der Schlagzeile an der Leinwand. Als sie nun auf die freie Stelle pustet, erscheint das Wort ‚liebt', wodurch die Schlagzeile nun verkündet, dass ein 26-Jähriger seine Freundin auf offener Straße liebt. Der kreuzförmige Übertitel verdeutlicht, dass Marie gerade aus der Bibel vorliest, was vom Anblick des Buches nicht abzulesen ist. Die Schlagzeilen in den Übertiteln sind inspiriert von recherchierten Zeitungsmeldungen. Marie interagiert hier mit einem Übertitel und verändert ihn nach ihren Vorstellungen.

In einer späteren Szene stehen die beiden Woyzeck-Schauspieler allein auf der dunklen Bühne. Plötzlich erscheint eine Art Wolke, welche sich aus dem elliptischen Imperativ-Satz „STICH TOT" (TF WOY 2019: 9) in vielfacher weißer und roter Schrift zusammensetzt. In schneller Folge prasseln die Sätze auf die Woyzecks auf der Bühne ein, wovon sich der taube an die Leinwand rettet und der hörende versucht, den Sätzen durch Sprünge auszuweichen. Durch das geringe Licht der Projektionen ist zumeist nur die Silhouette der Woyzeck-Darsteller zu erkennen. Der hörende Woyzeck-Schauspieler wird mehrmals von weißen und roten Schriftzügen mit demselben Satz über die Bühne gejagt, zu Boden und an die hintere linke Säule gedrückt. Alle Sätze bis auf ein roter, der auf Woyzecks Körper zurückbleibt, verschwinden. Der taube Woyzeck-Darsteller hat jeweils in den Pausen zwischen dem Verschwinden und Erscheinen der Sätze versucht, die Bühne zu betreten und seinem hörenden Part zu Hilfe zu kommen, ist aber immer wieder vor den Schriftzügen nach hinten geflohen. Nun zieht er den hörenden Woyzeck-Darsteller mit sich von der Bühne. In dieser Szene wird der steigende Wahnsinn des Franz Woyzeck ohne den Einsatz von DLS oder DGS allein durch die fordernde Aussage der Übertitel und Woyzecks Interaktion mit ihnen durch seinen Versuch diesen zu entfliehen verdeutlicht.

Auf der hinteren Leinwand erscheint große, orangene, im Kreis angeordnete Schrift „Feurige Augen“ (TF WOY 2019: 12), die sich mehrmals im Kreis dreht. Als der hörende Woyzeck-Darsteller an den vorderen Bühnenrand tritt und sich die Ohrringe an die Ohren klippt, ist er Marie. Er singt ein Lied, wobei er nur die Lippen bewegt, ohne seine Stimme zu benutzen. Durch die Übertitelung wird der unausgesprochene Liedtext verschriftlicht. Die Marie-Schauspielerin kommt als Woyzeck auf die Bühne. Ihre Frage „Was hast du da?“ (TF WOY 2019: 12) erscheint mehrfach in unterschiedlicher Schriftgröße auf dem Bühnenbild. Ein paar Sätze später fällt der Satz ‚Ein Ohrringlein‘ in springender Schrift auf den Boden und das Wort ‚gefunden‘ erscheint auf der rechten hinteren Säule, was vom Woyzeck-Schauspieler als Marie aufgegriffen wird. Auch die Marie-Darstellerin bekommt als Woyzeck durch einen Übertitel auf dem Boden mitgeteilt, dass es sich sogar um zwei Ohrringe handelt. Der Übertitel fungiert hier als eine Art Souffleuse, die den Schauspieler*innen ihre nächsten Texte einsagt. Das Singen des Woyzeck-Darstellers ohne Stimme, aber mit Übertitelung soll v.a. den hörenden Zuschauer*innen die Situation tauber und schwerhöriger Theaterbesucher*innen aufzeigen, die auf die Schriftsprache als Übertragung des Inhalts angewiesen sind, wenn die Lautsprache die einzige Bühnensprache darstellt.

Zuschauer*innen kommentierten, es habe ihnen gefallen, „wie die Übertitel in das Bühnenbild integriert waren“ (T2; 21/R), vor allem „wenn die Schriftsprache dabei nicht als bloße Übersetzung in Form von schlichten Übertiteln aufgetreten ist, sondern selbst ein künstlerisches Mittel darstellte“ (T2; 13/D). Auch andere Personen empfanden den Einsatz der DSS als „beeindruckend“ (T2; 6/D), hilfreich zum Verständnis der DGS und „bereichernd im künstlerischen Sinne“ (T2; 17/D). „[I]ch hatte das Gefühl, mit dem ganzen Körper zu begreifen....weil viele mögliche Aspekte der Aussagen dargeboten wurden und eben nicht nur der ‚Inhalt‘“ (T2; 20/D). Andere Personen bemängelten, dass sie durch ihren Sitzplatz nicht alle Übertitel lesen konnten und sie manchmal suchen mussten, wenn sie sie zur Unterstützung des DGS-Verständnisses nutzen wollten.

> Die Übertitelungen waren mir oft zu viel, und ich konnte so den Interaktionen auf der Bühne weniger gut folgen. Ich hätte es spannender gefunden, die Übertitel auf ein Minimum zu beschränken, um so an der Kommunikation zwischen den Darstellern besser teilzunehmen. (T2; 2/D)

Eine*r der schwerhörigen Zuschauer*innen bemängelte außerdem, dass die Schrift nicht immer vorhanden und manchmal zu klein gewesen sei. Besonders der erste Kritikpunkt kann mit den Ausfällen des Übertitelungsprogramms zusammenhängen. Sonst bewertete die Person die Übertitelung als hilfreich zum Verstehen der DGS und DLS, da z.T. „leise oder sehr schnell gesprochen wurde“ (T2; 24/D).

Die häufig parallele Zwei- und Dreisprachigkeit in der Inszenierung half den tauben Zuschauer*innen, die lautsprachlichen Texte zu verstehen. „Ich konnte zwei verschiedenen Sprache verstehen und manchmal vergleichen. Das ist super. Ich konnte auch selbst auswählen, welche ich schauen möchte.“ (T2; 27/C)

Mehrere hörende Zuschauer*innen lobten, dass die abwechslungsreiche „Mehrsprachigkeit und Multimedialität“ (T2; 17/N) in der Inszenierung „ein eigener künstlerischer Parameter“ (T2; 5/N) waren und verschiedene Zugangsmöglichkeiten geschaffen haben. Andere Umfrageteilnehmer*innen sahen „großes Potenzial die Gebärden durch Kröper und Mimik (und dem Stummfilm, der zuvor gezeigt wurde) zu verstehen und hätte mir mehr Gebärden im Spiel und weniger Übersetzung gewünscht“ (T2; 12/K). Auch eine andere Person hatte den Eindruck, dass die DLS in der Inszenierung „die Rolle der Primärsprache eingenommen hat“ (T2; 13/K).

> Insgesamt lag der Fokus sehr stark darauf, dass man auch wirklich alles versteht. Etwas weniger Information wäre mir oft lieber gewesen, um das Geschehen zwischen den Figuren interessanter zu machen auch auf das Risiko hin, nicht alles zu verstehen. (T2; 2/M)

Die Nutzung der verschiedenen Sprachen auf der Bühne hatte eine der hörenden Zuschauer*innen auch „sensibilisiert, wie sehr Theater und Alltag gehörlose Menschen exkludieren“ (T2; 18/Q).

Die Regisseurin hätte sich eine*n Inklusionsbeauftragte*n gewünscht, der*die dem Team Hinweise geben könnte, an welchen Stellen die Inszenierung inklusiver sein sollte. „Eine Person, die auch da Erfahrung hat und [...] mit der man dann eben auch darüber reden kann, dass es ja hier darum auch geht, [...] sie nicht immer alle zu inkludieren, sondern sie auch immer wieder rauszuschmeißen.“ (Interview R; 193-195)

7.3.3. Musik und Geräusche

Musik und das Übersetzen von Musik und Liedtexten in DGS ist innerhalb der Gehörlosengemeinschaft ein sensibles Thema, welches seit einigen Jahren eine hitzige Diskussion mit den GSD zum Thema *kulturelle Aneignung* mit sich gebracht hat.[9] Umso wichtiger war es daher in der Inszenierung WOY, die Lieder auf der Bühne nicht einfach in DGS verdolmetschen zu lassen, sondern eine inklusivere Lösung zu finden, um auch den tauben und schwerhörigen Zuschauer*innen einen gleichwertigen Zugang zu ermöglichen. Der Musiker des Teams hatte daher mit dem tauben Schauspieler ausprobiert, wie laut die Basstöne der Musik aufgedreht werden müssten, damit auf der Tribüne sitzende taube und schwerhörige Zuschauer*innen die Vibrationen wahrnehmen könnten. Im Vorfeld war das Team von der Leiterin des Projekts Inklusives Theater darauf aufmerksam gemacht worden, dass zu laute Basstöne für Nutzer*innen von Hörhilfen unangenehm und schmerzhaft sein können. Daher wurde versucht, eine Lautstärke zu finden, die zwar durch die Vibrationen spürbar, aber nicht schmerzhaft wäre.

---

[9] Siehe hierzu: Zierold, Martin (2018): taz. Debatte Barrierefreiheit in der Musik. Eine optische Täuschung. In: https://taz.de/Debatte-Barrierefreiheit-in-der-Musik/!5525817/ und: Sequeira Gerardo, Angelina (2019): Taubenschlag. Zur Diskussion der „kulturellen Aneignung“. In: https://www.taubenschlag.de/2019/02/zur-diskussion-der-kulturellen-aneignung/

Das erste Lied der Inszenierung stellt eine utopische Vorstellung Maries dar, wie die Welt und ihre Beziehung zu Woyzeck positiver sein könnten. Zu Beginn sitzen die Figur des Musikers mit Gitarre und Mikrophon und der taube Woyzeck-Schauspieler nebeneinander auf dem großen weißen Klotz an der vorderen linken Säule. Während der Musiker das Lied *Für immer und dich* von Rio Reiser singt, gebärdet der taube Schauspieler den Text. Um den Rhythmus bestmöglich auf das Lied anzupassen, gibt der Musiker ihm immer wieder Einsatzcues, indem er ihn ansieht, sich deutlich zum Mikrophon beugt oder einzelne Gebärden mitmacht. Das Bühnenlicht ist hier bunter als sonst. Wenn ein lauter Gitarrenakkord gespielt wird, leuchtet zusätzlich ein grelles weißes Licht auf. Im letzten Refrain verstummt die Musik. Die Schauspieler*innen stehen in einer Reihe und gebärden den Text, jede*r in seinem*ihrem eigenen Rhythmus. Dazu werden wie zuvor zeilenweise klassische Übertitel eingeblendet. Zu hören ist nur noch das Mitflüstern des tauben Schauspielers und die Bewegungen der Gebärden. Eine*r der hörenden Schauspieler*innen empfand es als ablenkend, das Flüstern des tauben Schauspielers zu hören, weil er*sie in einem etwas anderen Rhythmus gebärdete. Die Regisseurin hingegen empfand diese Stelle als besonders schön, da die hörenden Zuschauer*innen wahrnehmen konnten, dass DGS keineswegs *still* und auf keinen Fall *stumm* ist.

Nachdem Marie Woyzeck umgebracht hat, geht sie ziellos über die Bühne. Dabei singt sie die erste Strophe des Liedes *Sucht mich nicht*. Im Refrain stehen die beiden Woyzeck-Darsteller auf. Der hörende singt den Refrain mit Marie und dann die Strophe allein. Der taube gebärdet denselben Text, wobei er sich nicht am Rhythmus der Musik zu orientieren braucht. Dazu gehen sie alle einzeln und verloren über die Bühne. Jede*r ist in sich gekehrt und allein. Als Marie und der hörende Woyzeck-Schauspieler zum zweiten Mal den Refrain gesungen haben, setzen sie sich an die Leinwand hinten auf der Bühne. Der taube Schauspieler beendet ebenfalls den zweiten Refrain und setzt sich dazu. Er gebärdet noch allein mehrmals „Sucht mich nicht“ (TF WOY 2019: 14) und lässt dann die Hand erschlafft in den Schoß sinken.

Anders als es zumeist beim Musikdolmetschen umgesetzt wird, war der taube Schauspieler selbst beteiligt, indem er die Liedtexte größtenteils selbst übersetzt hatte und sie „so gebärdet, wie er das empfindet“ (Interview GSD; 173). Auch dass die Lieder mit den hörenden Schauspieler*innen gemeinsam in den unterschiedlichen Sprachen vorgetragen wurden, bewertete die beteiligte GSD als positiv. Der taube Schauspieler selbst empfand seine Beteiligung an den Liedern auch als sehr bereichernd: „[W]enn ich dazu gebärde […], also wenn ich mitmache, ist meine Seele glücklich und ich habe das Gefühl, dass es mich […] stark macht“ (Interview TW; 124-126). Er meint, dass viele taube Menschen Musik noch nicht gut kennen oder sich nicht dafür interessieren, weil sie es ohne die Beteiligung der DGS nicht verstehen können. „Es braucht ein Zusammenkommen, damit sie in Kontakt mit Musik kommen können.“ (Interview TW; 130)

Neben der Musik wird bei WOY auch versucht, Geräusche visuell wahrnehmbar zu machen. So steht der Arzt in einer Szene mit der Assistentin an der vorderen linken Säule auf der Bühne und brüllt über laut eingespielte Windgeräusche hinweg. An der hinteren Leinwand kämpft Marie gegen einen Sturm an. Hierzu stellte sich die Frage, ob der Sturm für die tauben und schwerhörigen Zuschauer*innen zu verstehen ist, wenn viele von ihnen die Windgeräusche nicht wahrnehmen können. Der taube Schauspieler war aber überzeugt davon, dass der Wind durch das Schauspiel der Marie-Darstellerin und der beiden Woyzeck-Schauspieler, von denen einer an der hinteren rechten Säule ebenfalls mit dem Wind kämpft und der andere versucht, Marie zu helfen, sichtbar wird. Zusätzlich wurden die Übertitel, die aus der vorangegangenen Szene noch an die hinteren Säulen projiziert wurden wie durch einen Windstoß aus dem Bühnenbild gefegt.

Viele der Umfrageteilnehmer*innen wünschten sich weitere Inszenierungen wie WOY: „Es sollte mehr Stücke geben in dieser Konstellation!!!!“ (T2; 14/T) „Danke, das dieses Experiment ermöglicht wurde! Gibt viel zu wenig davon.“ (T2; 20/T)

8. Diskussion

In der UN-BRK wird zwar die Förderung von Künstler*innen mit Behinderung gefordert. Im Theaterbereich fand dies aber u.a. für taube und schwerhörige Menschen noch wenig Anwendung. Das Projekt WOY versuchte, durch die Anpassung der Kommunikationssituation und der Probenarbeit einen für den tauben Beteiligten inklusiven Probenprozess zu ermöglichen.

In der Vorbereitung der Inszenierung hatten sich die Regisseurin, Dramaturgin und künstlerische Leiterin des Theaterhauses große Mühe gegeben, mehrere taube und schwerhörige Laienschauspieler*innen für die Inszenierung WOY zu gewinnen. Da dies aus verschiedenen Gründen nicht möglich war, wurde die taube Rolle des Andres schließlich mit der DGS-kompetenten Schauspielerin besetzt. Die Besetzung einer tauben Figur mit einem*einer hörenden Schauspieler*in wurde von Mitgliedern der Gehörlosengemeinschaft in der Vergangenheit stark kritisiert.[10] Da aber der taube Schauspieler an der Übersetzung und Probenarbeit für die Rolle beteiligt war, nahm die beteiligte GSD an, dass es weniger ein Problem für taube Zuschauer*innen darstellen würde. Von den Umfrageteilnehmer*innen wurde die Besetzung nicht kommentiert.

Bei WOY verfügten nur wenige Ensemble- und Teammitglieder über DGS-Kompetenz, weswegen der taube Schauspieler die Beteiligung eines*einer GSD für notwendig hielt. Die Dolmetschsituation der ersten zwei Probenwochen, in welcher die beteiligte GSD in jeder Probe durch eine zusätzliche GSD unterstützt wurde, ermöglichte es dem tauben Schauspieler, alle lautsprachlichen Aussagen barrierefrei mitgeteilt zu bekommen. Die anderen Schauspieler*innen und Teammitglieder nutzten daher aber auch zumeist die Hilfe einer GSD, um mit ihm zu kommunizieren. Hierdurch wurde eher eine integrative Kommunikationssituation erzeugt. Nachdem der taube Schauspieler die zusätzlichen GSD abbestellt hatte, bemühten sich die andern Ensemble- und Teammitglieder mehr um eine direkte Kommunikation mit ihm. Hierdurch fühlte er sich in der Gruppe inkludierter. Andererseits bestanden für ihn nun wieder mehr kommunikative Barrieren, da die beteiligte GSD und die DGS-kompetente Schauspielerin nicht alle lautsprachlichen Äußerungen in DGS verdolmetschen konnten. Bei Gruppendiskussionen passten die hörenden Beteiligten ihr Kommunikationsverhalten kaum an die Anwesenheit einer tauben Person an und sprachen häufig durcheinander. Zu Beginn des Probenprozesses war zwar erklärt worden, wie die Dol-

[10] Z.B. Sequeira Gerardo, Benedikt (2019): Taubenschlag. DGB: Keine gute Aufklärung bzw. Sensibilisierung bei SOKO München. In: https://www.taubenschlag.de/2019/02/dgb-keine-gute-aufklaerung-bzw-sensibilisierung-bei-soko-muenchen/

metschsituation und die Kommunikationsprozesse ablaufen sollten. Doch wurden die hörenden Beteiligten nur selten daran erinnert. Gerade in der Endprobenzeit war einen Rückgang im inklusiven Denken einiger Beteiligter zu merken, da sich mit dem Nahen der Premiere alle mehr auf die eigenen Aufgaben fokussierten. Im Verhalten der hörenden Ensemble- und Teammitglieder war auch zu erkennen, dass einige mehr Interesse daran hatten, die DGS zu lernen und in persönlichen Kontakt mit tauben Personen zu treten und sich daher besser auf die ungewohnte Kommunikations- und Probensituation einlassen konnten als andere.

Die beteiligte GSD schätzte die im Vorhinein erworbenen Fähigkeiten einiger Teammitglieder als hilfreich und die Bemühungen der Ensemble- und Teammitglieder, mit dem tauben Schauspieler direkt in Kontakt zu treten, als positiv ein. Sie hielt es für wichtig, als GSD auf bestimmte Umstände wie die Unausgeglichenheit der Sprachanteile in der Inszenierung „aufmerksam zu machen oder dem Gehörlosen vielleicht nochmal eine Rückmeldung zu geben“ (Interview GSD; 91), dass er selbst z.B. einen Missstand erklären kann. Durch die Aufklärungsarbeit des tauben Schauspielers, der beteiligten GSD und der DGS-kompetenten Schauspielerin lernten die hörenden Beteiligten die Situation und Kultur tauber Menschen besser kennen und ihre eigenen Privilegien zu reflektieren. Die Zeit, gut DGS und viel über die Gehörlosenkultur zu lernen, fehlte aber neben der Probenarbeit.

Die vorangegangene Auseinandersetzung mit dem tauben Schauspieler und der Gehörlosenkultur ermöglichte es der Regisseurin, auf die Bedürfnisse tauber und schwerhörige Zuschauer*innen achten zu können und darauf hinzuweisen, dass z.B. die Gesichter der sprechenden oder gebärdenden Figuren sichtbar sein sollten. Dennoch war ihre Gebärdensprachkompetenz noch relativ gering, weshalb der Großteil der Verantwortung für die Übersetzung, den ästhetischen Einsatz und Korrektur der Texte in DGS bei den drei DGS-kompetenten Beteiligten lag.

Der Probenprozess wurde bei WOY z.T. auf die Beteiligung des tauben Schauspielers angepasst. In Aufwärm- und Improvisationsübungen wurde darauf geachtet, weniger DLS als visuelle Cues zu verwenden. Die Regisseurin gab sich außerdem Mühe, Anweisungen für die Schauspieler*innen nicht zu sagen, während diese gerade im Spiel waren, sondern bis zum Ende der Szene zu warten oder die Szene abzubrechen. Um zu verdeutlichen, was sie mit bestimmten Anweisungen meinte, spielte die Regisseurin Handlungen selbst vor, was vom tauben Schauspieler gut verstanden und umgesetzt wurde. Für Text- und Handlungseinsätze, die der taube Schauspieler und z.T. auch hörende Schauspieler*innen nicht wahrnehmen konnten, wurden visuelle oder taktile Cues hinzugefügt. Allgemein bemühte sich die Regisseurin sehr darum, einen möglichst inklusiven Probenprozess für das gesamte Team und Ensemble umzusetzen.

Die Einbeziehung von Laienschauspieler*innen in die professionelle Inszenierung WOY ist dem Mangel an professionellen tauben (und schwerhörigen) Schauspieler*innen geschuldet. Bei der Zusammenarbeit wurde hier eine Gleichberechtigung zwischen den Profi- und Laienschauspieler*innen angestrebt, wobei der taube Schauspieler für die Regisseurin dennoch „auf gewisse Weise eine Art Hauptperson" (Interview R; 350) darstellte, weswegen es ihr wichtig war, dass er sich wohlfühlte. Während der Probenarbeit konnten die Laienschauspieler*innen von den Profis einiges über das Schauspielen auf einer Bühne lernen. Im Gegenzug brachten die Laienschauspieler*innen den Profis einige Gebärden bei und teilten ihr Wissen zu tauben und schwerhörigen Menschen, ihren Kulturen und Gemeinschaften.

Bevor die Dramaturgin begann, die Textfassung zu schreiben, informierte sie sich über die Lebensumständen und Kultur tauber und schwerhöriger Menschen und unterhielt sich mit dem tauben Schauspieler der Inszenierung. Dennoch hatte sie nach Aussage der Regisseurin Schwierigkeiten, sich in diese unbekannten Situationen und Erfahrungen hineinzufühlen, weswegen sie mit der Regisseurin beschloss, die Textfassung offen für Ideen und Erfahrungen aus dem Ensemble und Team zu lassen. Besonders die Wünsche und Ideen des tauben Schauspielers wurden hierbei berücksichtigt. Daher dominierten hier nicht wie in einigen gemischten Theatergruppen die Ansichten und Normen der Hörenden. Auch die Regisseurin hätte sich gern mehr in der Vorbereitung und Erarbeitung der Inszenierung mit Expert*innen auseinandergesetzt. Bei allen Fragen, die während der Probenzeit in Bezug auf taube und schwerhörige Menschen und die DGS anfielen, wurden der taube Schauspieler, die beteiligte GSD und die DGS-kompetente Schauspielerin als Expert*innen befragt. Daher wäre ein*e erfahrene*r Inklusionsbeauftragte*r hilfreich und von der Regisseurin gewünscht gewesen.

Auch die Übersetzung der Textfassung in DGS wurde nach einigen Überlegungen von den drei DGS-kompetenten Personen durchgeführt. Die Weitergabe der Textfassung an eine professionelle Übersetzungsfirma hätte den Vorteil gebracht, dass die Texte von einem ausgebildeten Übersetzungsteam aus tauben und hörenden GSD übersetzt, auf Video aufgenommene und bei rechtzeitiger Bestellung vor Probenbeginn geliefert worden wäre. Diese Übersetzung hätte vom tauben Schauspieler und den DGS-kompetenten Beteiligten verändert und auf die regionale DGS-Variante und die Wünsche der Regisseurin angepasst werden können. Da eine solche Übersetzung in der Antragstellung aber nicht einbezogen worden war, musste die Regisseurin nach einer kostengünstigeren Variante suchen. Außerdem hätte die Übersetzungsfirma die von der Gruppe intendierten Interpretationen nicht gekannt und daher eine möglicherweise davon abweichende Übersetzung erstellt. Auch mithilfe einer Arbeitsassistenz hätte der taube Schauspieler die Übersetzung wahrscheinlich schon vor Probenbeginn fertigstellen oder zumindest ein tieferes Verständnis über den Inhalt und die Aussagen der Textfassung gewinnen können. Nachdem die Arbeitsassistenz nicht bewilligt worden war, blieb keine andere Möglichkeit, als die Übersetzung während der Probenphase von den DGS-kompetenten Beteiligten der Inszenierung durchführen zu lassen. Hierbei wurden alle Übersetzungen mit dem tauben Schauspieler abgesprochen. Bei unklaren und interpretationsbedürftigen Textstellen konnten die Regisseurin und das Ensemble befragt werden. Durch die häufigen Veränderungen in der Textfassung ermöglichte diese Übersetzungsweise außerdem eine schnelle Anpassung und Neuübersetzung der Textstellen in DGS. Ein Nachteil bestand darin, dass sie viel Probenzeit in Anspruch nahm und die Übersetzer*innen außerdem in ihrer Freizeit an den Übersetzungen arbeiten mussten. Der taube Schauspieler übernahm ebenfalls die Aufgabe, die in DGS übersetzen Textstellen, die alle Figuren gemeinsam oder hörende Schauspieler*innen gebärden sollten, diesen beizubringen. Eine größere Anzahl tauber Beteiligter oder ein gesonderter Gebärdencoach hätte möglicherweise zu einer Aufgabenverteilung und somit Entlastung des tauben Schauspielers führen können.

Die Ko-Translation mit dem Übertitelungsseminar der Universität Hildesheim stellte in diesem Projekt eine Herausforderung dar. Zwar wurden die Übertitler*innen frühzeitig in den Produktionsprozess eingebunden. Aufgrund sehr geringer Vorbereitungszeit und anderer Verpflichtungen der Studierenden konnten diese aber nur an wenigen Proben teilnehmen und ihre Ideen für kreative Übertitel nur selten mit der Regisseurin besprechen. Daher entsprachen einige der fertigen kreativen Übertitel nicht den konzeptionellen Vorstellungen der Regisseurin und mussten durch passendere Übertitel ersetzt werden. Auch die Einarbeitung der Übertitel in das Programm Isadora nahm viel Zeit in Anspruch und führte durch dessen häufiges Abstürzen zu Frustration im Team und Ensemble. Die Nutzung des im Projekt Inklusives Theater erprobten Programms PowerPoint hätte sich möglicherweise als zuverlässiger und einfacher zu handhaben erwiesen, bei einem Auftritt in einem anderen Theater aber mehr Aufwand bei der Neuausrichtung der Übertitel bedeutet. Durch die kurze Vorbereitungszeit und die fehlenden DGS-Kenntnisse der Studierenden wäre das Fahren der Übertitel für sie eine Herausforderung gewesen.

Der zur zweiten Hauptprobe eingeladene taube Testzuschauer hatte zu vielen Punkten der Inszenierung und der Sprachverwendung positives Feedback gegeben, weswegen die Ensemble- und Teammitglieder darin keinen Grund für eine weitere Veränderung fanden. Allerdings stellt sich die Frage, ob nicht ein Einladen von Testzuschauer*innen aller Zielgruppen nötig gewesen wäre, um alle Bedürfnisse berücksichtigen zu können.

Die entstandene Inszenierung WOY ist nicht dem Dramatischen oder Postdramatischen Theater eindeutig zuzuordnen, sondern trägt Elemente beider Richtungen in sich. Zwar liegt der Inszenierung ein Dramenfragment zugrunde. Dieses wurde aber aufgebrochen, verändert und durch weitere Quellen, Improvisationen usw. ergänzt. Der Text in den drei genutzten Sprachen und das Schauspiel auf der Bühne stellen das zentrale Element der Inszenierung dar, auch wenn weitere Mittel wie das Bühnenbild, die Musik und das Medium der Projektion hier ebenfalls eine bedeutungstragende Rolle spielen. Den Zuschauer*innen von WOY werden zumeist mehrere linguistische Zeichen parallel dargeboten, was subjektiv sehr unterschiedlich wahrgenommen wurde. Dies trug sowohl zu einem Verständnis des Inhalts als auch einer sinnlichen Überforderung bei.

Die Figur Woyzeck wird durch ihre Doppelbesetzung in dieser Inszenierung nicht über die Taubheit des einen Schauspielers definiert. Das Misslingen der Kommunikation liegt nicht in der Kommunikationssituation zwischen tauber und hörender Figur. Auch wenn der Arzt mit dem tauben Woyzeck-Darsteller spricht, versteht dieser das Gesagte und antwortet in DGS, was der Arzt wiederum versteht. Das Misslingen der Kommunikation liegt eher auf inhaltlicher und mentaler Ebene, also dem Missverstehen. Von einer Darstellung der Lebensumstände tauber und/oder schwerhöriger Menschen in unserer Gesellschaft wurde bewusst abgesehen. Vielmehr bezieht sich WOY auf allgemeine Missstände in der Gesellschaft, denen alle Figuren unterworfen sind, weswegen der Fokus der Inszenierung von der Figur des Woyzeck auf die Figur Marie verlagert wird.

In der Vorbereitung der Aufführungen hatte das Theaterhaus Hildesheim sich darum bemüht, einen möglichst barrierefreien Zugang für die erwarteten tauben und schwerhörigen Zuschauer*innen zu gestalten. Mitarbeiterinnen hatten an DGS-Kursen teilgenommen, sodass vor jeder Aufführung die Kommunikation zwischen ihnen und dem Publikum an der Kasse und an der Bar zumindest barrierearm ablaufen konnte. Auch eine kurze Einführung hielten sie in DGS und DLS. Gesonderte Maßnahmen für schwerhörige Zuschauer*innen wurden hier nicht ergriffen. Ein Programmheft war in der Vorbereitung der Aufführung nicht zustande gekommen, doch viele der Zuschauer*innen empfanden den Stummfilm zu Anfang der Aufführung als angemessenen und ästhetischeren Ersatz. Der Stummfilm bildet die Grundlage für die Rezeption der Inszenierung und ist somit ein wichtiger Bestandteil der genutzten Accessibility-Maßnahmen. Er hilft den Zuschauer*innen, einen gleichberechtigten Einstieg in die Inszenierung zu finden. Auf einige Zuschauer*innen wirkte der Stummfilm jedoch sehr losgelöst von der Inszenierung, weshalb sie sich eine stärkere Integration dessen gewünscht hätten.

Das Bühnenbild wurde so entworfen, dass es sowohl als Projektionsfläche für die Übertitelung dienen konnte, als auch Möglichkeiten der Umgestaltung für unterschiedliche Szenen ließ. Bei der Inszenierungsarbeit wurde darauf geachtet, dass Figuren nicht grundlos in einer Projektion standen, sodass diese möglicherweise nicht mehr zu lesen gewesen wäre. Außerdem wurden die Kostüme so entworfen, dass sie keine Gebärden oder zum DGS-Verständnis wichtige Körperteile, wie das Gesicht, verdeckten.

Die Sprachnutzung bei WOY gestaltete sich in einer Kombination der drei Sprachen DGS, DLS und DSS. Jede der drei Sprachen ist zu unterschiedlichen Zeiten der Inszenierung die AS und ZS der TT. Obwohl von der Regisseurin ein gleichberechtigter Einsatz der Sprachen angestrebt wurde, kritisierte u.a. die beteiligte GSD die zum Ende der Probenzeit immer noch bestehenden Differenzen in den Sprachanteilen. Daraufhin wurden einige lautsprachliche Textstellen durch eine Verdolmetschung in DGS oder parallele Gebärden v.a. der Figur Marie ergänzt. Bei der Verdolmetschung der lautsprachlichen Texte achteten die beteiligte GSD und die DGS-kompetente Schauspielerin darauf, eine möglichst adäquate Übertragung des Textes und der Vortragsweise zu gewährleisten. Auch wurde versucht, die Textvorlage für gebärdensprachliche Texte auf angemessene Weise in DGS zu übersetzen. So wurde der Text der Figur Andres, der eine Unterhaltung zwischen diesem und Woyzeck wiedergibt, durch in der DGS gebräuchliche sprachliche Mittel (Role Shift) ausgedrückt. Auch wurde versucht, für Metaphern in der DLS, die in der DGS wörtlich keinen Sinn ergeben, passende Übersetzungen zu finden.

Von vielen Zuschauer*innen wurde die Vielfalt der Kombinationsvarianten von DGS und DLS gelobt. Besonders die Bildhaftigkeit der DGS beeindruckte etliche der hörenden Umfrageteilnehme*innen. So gefiel vielen die Doppelbesetzung der Figur Woyzeck. Hierbei wurden die DGS und DLS häufig parallel oder versetzt vorgetragen, sodass die Gebärden mit der lautsprachlichen Aussage verglichen werden konnten und Ähnlichkeiten und Unterschiede aufgezeigt wurden. Besonders diese Kombination der Bühnensprachen hielt die hörenden Zuschauer*innen an, die DGS nicht nur als ästhetische Komponente der Inszenierung, sondern als eigenständige Sprache zu betrachten. Einem*einer tauben Umfrageteilnehmer*in war die Darstellung einer Figur durch eine*n sprechende*n und eine*n gebärdende*n Schauspieler*in bereits vertraut, was an der häufigen Nutzung dieser Methode in gemischten Theaterensemble liegen kann.

Die Verdolmetschung des Chefs und Maries erinnern an das Platform bzw. Zone Interpreting, wobei die GSD hier auf der Bühne platziert sind. Die Verdolmetschung des Arztes hingegen wird durch die beteiligte GSD als Figur der Assistentin durchgeführt, weswegen hier ein Character Interpreting stattfindet. Die Übertragungsweise der Verdolmetschung gefiel einigen hörenden Zuschauer*innen nicht, da sie hier die DGS als zweitrangig empfanden. Insgesamt wirkte die DLS auf einige der Umfrageteilnehmer*innen als hauptrangig, obwohl mehr Textstellen in DGS unübersetzt in DLS oder DSS blieben als andersherum. Die Sprachnutzung stieß bei einem*einer Zuschauer*in eine Reflexion über die Situation tauber Menschen im Verhältnis zu seiner*ihrer eigenen an.

Die kreativen Übertitel spielen in der Inszenierung WOY eine wichtige Rolle. Sie tragen u.a. durch ihre Farbgebung, Bewegung, Schriftart eigene Bedeutungen, die zumeist ihre Aussage verdeutlichen. Außerdem werden sie zu Elementen, mit welchen interagiert werden kann und soufflieren für die Schauspieler*innen. Der Übertitel wird somit nach Kapusta (2014: 105) „zu einem eigenen Theatermittel" und trägt dadurch zur Enthierarchisierung dieser bei. Neben den kreativen Übertiteln kommen klassische Übertitel zumeist additiv zu DGS und/oder DLS zum Einsatz. Somit ist fast jede Textstelle, die gesprochen und/oder gebärdet wird auch in DSS präsent, was den tauben und schwerhörigen Zuschauer*innen einen nahezu barrierefreien Zugang zu den Inhalten der Inszenierung gewährt und von ihnen in meiner Umfrage begrüßt wurde. Die im Projekt Inklusives Theater erprobte Abwechslung der Übersetzungsrichtung wird hier weniger stringent durchgeführt, da fast immer eine Übersetzung in DSS vorhanden ist. Eine Textstelle, welche ausschließlich klassisch übertitelt und vom hörenden Woyzeck-Schauspieler ohne Stimme gesungen wurde, könnte bei den hörenden Zuschauer*innen zur Reflexion über die Situation tauber und schwerhöriger Menschen im lautsprachlichen Theater beigetragen haben. Neben der Übertitelung der DLS schienen auch die Übertitel der DGS einem*einer tauben Zuschauer*in beim Verständnis zu helfen, da er*sie bei schnellem Gebärden nicht alles verstanden hatte. Auch der taube Testzuschauer hatte die Übertitelung zum Verständnis der DGS als hilfreich empfunden. Dies kann an der ungewohnten Verwendung der DGS als Bühnensprache liegen, welche sprachlich und inhaltlich stark vom alltäglichen Sprachgebrauch abweicht sowie am großen Interpretationsspielraum der Texte. Von den hörenden Umfrageteilnehmer*innen wurde eher der ästhetische Aspekt der kreativen Übertitel gelobt, die große Menge an Übertiteln jedoch zuweilen als überfordernd empfunden. Viele hätten sich eher mehr DGS und weniger DLS und DSS gewünscht. Das programmbedingte zeitweilige Fehlen der Übertitelung führte v.a. bei einem*einer schwerhörigen Zuschauer*in zu Verständnisproblemen und stellte auch für die Schauspieler*innen eine Stresssituation dar, da sie das Fehlen oder verspätete Erscheinen der Übertitel überspielen mussten.

Durch die Abwechslung der Übersetzungsrichtung bei WOY, wurde die in durch Accessibility-Maßnahmen begleitete Aufführungen bestehende Hierarchisierung des hörenden Publikums über dem tauben und schwerhörigen Publikum aufgebrochen. Die Übertitelung richtet sich hier an unterschiedlichen Stellen an verschiedene Teile des Publikums. Vor allem nicht-gebärdensprachkompetente schwerhörige und taube Personen sind aber durchgängig auf die Übertitelung angewiesen. Außerdem stellt die DLS auch in dieser Inszenierung häufig die AS dar, welche in DGS oder DSS übertragen wird. Eine Abgrenzung der Publika verschiedener Hörstatus findet während der Aufführungen nicht statt. Alle Zuschauer*innen teilen sich den gleichen Raum, in welchem sie selbst ihre Sitzplätze wählen konnten, und die Übertitelung und Gebärdensprachverdolmetschung finden auf der Bühne für alle sichtbar und zumindest im Fall der Übertitelung auch für alle notwendig statt.

Bei der Nutzung von Musik in der Inszenierung WOY wurde versucht, eine möglichst inklusive und interessante Erfahrung für alle Zuschauer*innen zu schaffen. Hierfür wurde zur Wahrnehmbarkeit der Musik durch taube und schwerhörige Personen mit Vibration und Licht gearbeitet. Doch vor allem die Übersetzung und Performance der Liedtexte in DGS, hauptsächlich durch den tauben Schauspieler, erzeugen für das taube und DGS-kompetente Publikum einen inklusiven und ästhetischen Zugang zur Musik auf der Bühne. Da alle Lieder mit klassischen Übertiteln versehen sind, können schwerhörige und taube, nicht-gebärdensprachkompetente Zuschauer*innen den Textinhalt verstehen und das Licht visuell, sowie den Rhythmus taktil wahrnehmen. Ihnen wird also ein inhaltlicher Zugang durch die Übertitelung gewährt, doch auf ästhetischer Ebene haben sie gegenüber den hörenden Zuschauer*innen, welche die Musik und den Gesang vollständig hören können und tauben, DGS-kompetenten Zuschauer*innen, welche die Performance in DGS sehen und verstehen können, einen Nachteil. Da die bedeutungstragenden Geräusche der Inszenierung ebenfalls in visuellen Elementen repräsentiert wurden, halte ich dies für einen gleichberechtigten Zugang für alle Zuschauer*innen. Da sich in meiner Umfrage unter dem Publikum die Fragen ausschließlich mit der Sprachnutzung in der Inszenierung befassten, kann ich zu deren Rezeption der Musik und Geräusche allerdings kein Meinungsbild wiedergeben. Für den tauben Schauspieler aber stellte das Mitwirken an der Übersetzung und Performance der Lieder eine Bereicherung dar, wobei er hofft, durch dieses Zusammenkommen von Musik und DGS bei den tauben Zuschauer*innen ein Interesse und Verständnis für die Musik zu wecken.

In der Inszenierung WOY werden akustische Zeichen häufig in visuelle Zeichen übertragen, um sie dem tauben und schwerhörigen Publikum zugänglich zu machen. Dies gilt vor allem für die akustischen linguistischen Zeichen (die DLS), welche in visuelle linguistische Zeichen (DGS und DSS) übertragen werden, sowie Geräusche und Musik, für welche eine visuelle oder taktile Entsprechung präsentiert wird. Doch auch die visuell linguistischen Zeichen (DGS und DSS) dienen bei WOY zuweilen als AS und werden in akustische linguistische Zeichen übertragen. Neben der Gewährleistung der Barrierefreiheit durch den Einsatz von GSD und klassischer Übertitelung wird in WOY auch eine inklusive Aesthetic of Access der Sprachen erzeugt, indem es Figuren gibt, die selbst gebärden und kreative Übertitel, welche durch ihre individuelle Gestaltung zur Szene eine ästhetische Komponente und zusätzliche Bedeutung beitragen. Je nachdem, welche Sprachen ein*e Zuschauer*in wahrnehmen kann, unterscheidet sich die Ästhetik und Wirkung der Inszenierung von Person zu Person.

9. Fazit und Ausblick

Die Inszenierungsarbeit an WOY steht in einer Tradition gemischter Theatergruppen, die seit der Gründung des NTD auf experimentelle Weise versuchen, eine gemeinschaftliche und gleichberechtigte Theatererfahrung für ein taubes, schwerhöriges und hörendes Publikum zu schaffen. Dabei geht es nicht darum, eine perfekt inklusive Inszenierung zu erstellen, sondern auf experimentelle

Weise herauszufinden, wie die Zusammenarbeit der Beteiligten funktionieren kann und welche Elemente der Inszenierung eine inklusive bzw. exkludierende Wirkung haben.

Im Vorfeld der Probenarbeit war versucht worden, mehrere taube und schwerhörige Personen für die Teilnahme an der Inszenierung zu engagieren, was die Kommunikationssituation in den Proben und auf der Bühne sicher verändert hätte.

Der taube Schauspieler wünschte sich im Verlauf der Probenzeit statt einer umfassenden Verdolmetschung und seiner damit einhergehenden Fokussierung auf die GSD lieber eine Kommunikationsassistenz in Anspruch zu nehmen und sonst direkt mit den Ensemble- und Teammitgliedern zu kommunizieren. Zwar waren die kommunikativen Barrieren durch die Anwesenheit der zusätzlichen GSD und die umfassende Verdolmetschung geringer gewesen als im Nachhinein. Eine inklusive Kommunikationssituation konnte hierdurch jedoch nicht hergestellt werden. Die hörenden Beteiligten hatten nur selten direkt mit dem tauben Schauspieler kommuniziert und die durchgängige Verdolmetschung hatte zu einer schnelleren Ermüdung des tauben Schauspielers geführt. Bei der daraufhin häufigeren direkten Kommunikation zwischen dem tauben Schauspieler und den hörenden Ensemble- und Teammitgliedern hatte sich auch gezeigt, dass viele der Hörenden die Vermittlung durch die GSD viel nötiger hatten als der taube Schauspieler, da dieser diese Art der Kommunikation gewohnt war und die Kommunikationsversuche seiner Kolleg*innen durch gelernte Gebärden und Gesten besser verstehen konnte als diese seine Gebärden. Darin zeigt sich, dass die Kommunikationsbarriere zwischen tauben und hörenden Personen nicht ausschließlich auf der Seite der ersteren liegt. Für die Zusammenarbeit eines gemischten Theaterensembles und -teams ist es daher notwendig, die Beteiligten in DGS und Kommunikationstechniken mit tauben und wenn beteiligt auch schwerhörigen Menschen zu schulen, um eine direkte Kommunikation auf Augenhöhe und eine gleichberechtigte Teilnahme aller an Gruppendiskussionen zu ermöglichen. Bei WOY haben sich viele der hörenden Beteiligten Mühe gegeben, in direkte Kommunikation mit dem tauben Schauspieler zu treten. Die Teilnahme an einem DGS-Kurs wäre sicher sinnvoll gewesen, war aber durch die eingeschränkte Probenzeit nicht umsetzbar. Die meisten der hörenden Beteiligten hatten im Vorfeld der Inszenierungsarbeit wenig oder keine Erfahrungen mit tauben und/oder schwerhörigen Personen gesammelt. Für sie stellte die Zusammenarbeit mit dem tauben Schauspieler eine neuartige Erfahrung dar, welche bei einigen Reflexionsprozesse über ihre eigenen Privilegien im von Hörenden dominierten Theaterbetrieb anregte.

Die Probenarbeit bei WOY verlief größtenteils auf inklusive Weise. Es wurde versucht, sowohl in den Proben als auch in der Inszenierung viel über visuelle und taktile Reize zu kommunizieren. Zwar mussten die hörenden Beteiligten zuweilen an ungewohnte Verhaltensweisen erinnert werden, doch mit der Zeit gewöhnten sie sich daran, ihren tauben Kollegen mitzudenken.

In der Zusammenarbeit zwischen Laien- und Profischauspieler*innen lag ein großes Potenzial. Da alle der Laienschauspieler*innen das Expert*innenwissen über die DGS und Gehörlosenkultur besitzen, entstand ein bereichernder Austausch von Wissen darüber und dem Wissen der professionellen Schauspieler*innen. Dieser Austausch kann zur Professionalisierung tauber und schwerhöriger Schauspieler*innen beitragen, da ihnen der Zugang zu Schauspielausbildungen bisher zumeist verwehrt blieb. Allerdings halte ich es für sinnvoll, wenn sich die Schauspieler*innen selbst auf die Rollen oder bei einer Stückentwicklung auf die Teilnahme am Projekt bewerben. In Bezug auf die hörenden Schauspieler*innen bietet dies den Vorteil, dass sich Personen bewerben können, die Interesse an dem Projekt und der Begegnung mit tauben und schwerhörigen Menschen haben, sowie eine Bereitschaft mitbringen, die DGS zu erlernen und/oder sich auf die Kommunikation mit möglichen Barrieren einzulassen. Damit taube und schwerhörige Menschen die Möglichkeit bekommen, professionelle Schauspieler*innen zu werden, liegt die Verantwortung bei den Institutionen der Theater und Schauspielschulen, ihre Strukturen, Anforderungen und das Programm zu verändern.

Für Manuela Hörr selbst war es, obwohl sie durch ihre Teilnahme an zwei DGS-Kursen bereits Wissen über die DGS, Gehörlosengemeinschaft und -kultur erworben hatte, schwierig, die künstlerische Arbeit zu bedenken und gleichzeitig ihrem inklusiven Anspruch gerecht zu werden. Während der Proben an WOY wurde diese Aufgabe zumeist von der beteiligten GSD, dem tauben Schauspieler und der DGS-kompetenten Schauspielerin übernommen. Auch die Übersetzung der Texte in DGS wurde von ihnen durchgeführt. Obwohl diese Übersetzungsweise sich als gewinnbringend erwies, da die Übersetzer*innen sich so mit der Regisseurin und den Ensemblemitgliedern über Inhalte und Interpretationen der Texte auseinandersetzen konnten, bedeutete sie auch mehr Arbeit und Stress für die ohnehin werktätigen Laienschauspieler*innen und einen erheblichen Verlust der Probenzeit. Die Beteiligung einer zusätzlichen Person für die Übersetzung oder das Engagieren einer Übersetzungsfirma, deren Vorschläge von Ensemble und Team überarbeitet werden, ist für zukünftige Projekte als sinnvoll zu erachten. Dieser Posten müsste bereits beim Beantragen der Finanzierung miteinbezogen werden.

In der Ko-Translation mit dem Übertitelungsseminar kam es vor allem durch Zeitmangel und wenige Absprachen zu nicht dem Konzept der Inszenierung entsprechenden Übertitel-Vorschlägen. Eine längere Vorlaufzeit, in welcher sich die Übertitler*innen mit der Textfassung und den Vorstellungen der Regisseurin hätten vertraut machen können, wäre daher hilfreich gewesen, konnte aber bei WOY aufgrund des gleichzeitigen Beginns des Semesters und der Probenzeit nicht umgesetzt werden. Die Nutzung von Isadora als Übertitelungsprogramm stellte sich aufgrund der komplizierten Einarbeitung und den häufigen Abstürzen als wenig sinnvoll heraus. Für den Videokünstler und beteiligten Musiker bedeutete dies eine ausführliche und zeitaufwendige Phase, um die Übertitel einzuarbeiten. Die Schauspieler*innen und ich mussten lernen, auf das plötzliche Abstürzen schnell zu reagieren. Die Nutzung eines anderen Übertitelungsprogramms würde wahrscheinlich viel Zeit sparen und durch reibungslosere Abläufe weniger Stress und eine barrierefreiere Inszenierung bedeuten.

Die Ideen, Vorschläge oder Hinweise der Beteiligten konnten durch die Offenheit der Textfassung häufig in die Inszenierung integriert werden. Die für gewöhnlich dominante Position der hörenden Theatermachenden wurde somit teilweise aufgebrochen. Da die Inszenierung von ausschließlich Hörenden initiiert, organisiert und umgesetzt wurde und nur eine taube Person an der Umsetzung beteiligt war, bleibt die hörende Perspektive in Probenprozess und Inszenierung dennoch vorherrschend.

In der Inszenierung WOY wurde nicht mit Stereotypen über taube Menschen gearbeitet. Die Figur des Woyzeck wird zwar von einem tauben und einem hörenden Schauspieler dargestellt, die Probleme der Figur werden aber nicht auf die Taubheit des einen Darstellers bezogen, sondern auf seine Lebensumstände und die gesellschaftlichen Strukturen, in welchen er und die Figur Marie leben. Um dies noch deutlicher zu machen, wurde der Fokus in dieser Inszenierung von Woyzeck auf Marie übertragen.

Um die Inszenierung herum wurde für einen möglichst barrierefreien Zugang für das taube und schwerhörige Publikum gesorgt. Das Bühnen- und Kostümbild ermöglichte die uneingeschränkte Nutzung der drei Bühnensprachen. Ein Programmheft wurde durch den Stummfilm auf zugängliche und ästhetische Weise ersetzt. Um eine Inszenierung zumindest in Grundzügen verstehen zu können, vor allem, wenn ihr ein Theaterstück zugrunde liegt, ist eine vorbereitende Maßnahme in einer für das gesamte Publikum zugänglichen Form vonnöten. Durch die umfangreiche Nutzung klassischer Übertitel blieb fast keine der Textstellen unübertitelt, was einen barrierefreien Zugang zu den Inhalten für taube und schwerhörige Zuschauer*innen ermöglichte. Auch der Einsatz der Gebärdensprachverdolmetschung einiger Figuren wirkte zumeist eher wie eine zur lautsprachlichen Aufführung hinzugefügte Accessibility-Maßnahme. Das Einbeziehen der DGS als Bühnensprache einzelner Figuren, die Nutzung kreativer Übertitel und die Interaktion mit diesen entfaltete aber auch eine ästhetische und inklusive Wirkung und stellte für jede*n Zuschauer*in eine individuelle Erfahrung dar, je nachdem welche Anteile der Inszenierung wahrgenommen und verstanden werden konnten. Diese zeitweilige Aesthetic of Access vermag es, Denkanstöße zu geben. Einige der hörenden Zuschauer*innen empfanden die Fülle an Übertitelung als überfordernd und zu viel eingesetzt. Es ist aber zu bezweifeln, dass die Inszenierung ohne den Einsatz der klassischen Übertitelung barrierefrei oder inklusiv für das taube und schwerhörige Publikum gewesen wäre, da die DLS den größten Anteil der Sprachnutzung ausmachte, obwohl die Theatergruppe sich zum Ende der Probenzeit bemühte, weitere Texte in DGS zu übersetzen. Würden die drei Sprachen in gleichen Anteilen eingesetzt werden und allen Zuschauer*innen in gleichem Maße an unterschiedlichen Stellen der Zugang zu den Inhalten verwehrt, wäre ein seltenerer Einsatz der Übertitelung gerechtfertigt gewesen.

Durch die Nutzung der DGS und die Einbeziehung einer tauben Person in die Inszenierung WOY wurde die überwiegende Unsichtbarkeit dieser Sprache und ihrer Nutzer*innengruppe in der Mehrheitsgesellschaft aufgebrochen. Hörende Zuschauer*innen konnten so z.T. erste Erfahrungen mit tauben Menschen und der DGS sowohl auf der Bühne als auch im Publikum sammeln. Diese Begegnung regte bei einigen ein von den Theatermachenden gewünschtes Nachdenken über die Situation tauber und schwerhöriger Menschen in Theater und Gesellschaft im Verhältnis zur eigenen Situation an.

Die Musik und Geräusche wurden bei WOY für taube und schwerhörige Zuschauer*innen visuell und z.T. taktil wahrnehmbar gemacht. Durch die Einbeziehung der DGS in die Performance und die Übertitelung wurde versucht, eine möglichst inklusive Erfahrung für das Publikum zu schaffen und eine Begegnung tauber und schwerhöriger Menschen mit dem barrierereichen Feld der Musik zu ermöglichen. Die kreative Nutzung der Übertitelung wäre zu den Liedern sicher für schwerhörige und taube nicht-gebärdensprachkompetente Personen eine inklusivere Möglichkeit gewesen.

Im Experiment WOY wurden die drei Sprachen DGS, DLS und DSS sowie unterschiedliche Accessibility-Maßnahmen bereits während des Probenprozesses einbezogen. Die Inszenierung stellt einen Versuch dar und erhebt nicht den Anspruch, eine perfekt inklusive Aufführung für das taube, schwerhörige und hörende Zielpublikum zu realisieren. Trotz einiger Kritikpunkte aus dem Publikum war dieses von der Inszenierung begeistert und wünschte sich für die Zukunft weitere Vorstellungen in diesem oder ähnlichem Format. Diese Rückmeldung ist für die Antragstellung zukünftiger Projekte wichtig. In diesen wäre die Einbeziehung tauber und schwerhöriger Personen in den Produktions- und Inszenierungsprozess wünschenswert, um auf alle Bedürfnisse eingehen zu können. Dieser Umstand war auch der künstlerischen Leiterin des Theaterhauses und der Regisseurin von WOY bewusst, weshalb sie sich für ein Folgeprojekt mehr Beteiligung tauber und schwerhöriger Menschen auf und hinter der Bühne wünschten. Die Regisseurin kann sich gut vorstellen, in einem Folgeprojekt mit einer tauben oder schwerhörigen Person im Regieteam zusammenzuarbeiten. Mehr als sie es in der Vorbereitung des Projekts WOY getan hatte, würde sie dann gerne mit tauben und schwerhörigen Expert*innen sprechen und sich im

Vorfeld mehr Zeit für die Auseinandersetzung mit tauben und schwerhörigen Menschen und deren Lebensumständen nehmen. Auch ein geeignetes Team zusammenzustellen und kennenzulernen sowie im Regieteam eine gemeinsame künstlerische Sprache zu entwickeln, bedarf Zeit, die sie sich in der Vorbereitung gern nehmen würde. Eine Stückentwicklung mit dem gemischten Ensemble gemeinsam durchzuführen hält sie für ein geeigneteres Vorgehen, um eine inklusive Inszenierung zu entwickeln. Hierbei wäre aber ein vorheriger Vermittlungsprozess, bei welchem die Beteiligten sich mit dem Thema des Stücks bzw. der Stückentwicklung auseinandersetzen vonnöten. Darin könnten die Beteiligten auch die DGS und die Kommunikationssituation zwischen tauben, schwerhörigen und hörenden Teilnehmer*innen kennenlernen.

WOY kann insgesamt als gelungenes Experiment angesehen werden, welches zeigt, dass die Zusammenarbeit tauber und hörender Schauspieler*innen durchaus möglich ist und die kreative Einbeziehung der DGS und DSS in Theaterinszenierungen bisher zumeist ausgeschlossenen Zielgruppen einen inklusiven Zugang ermöglichen kann.

Quellenverzeichnis

Literatur

Bauman, H-Dirksen L.: Audism: Exploring the Metaphysics of Oppression. In: Journal of Deaf Studies and Deaf Education. Vol. 9 No. 2. New York/ Oxford 2014. S. 239-246.

Bentele, Katrin: Menschenrechte und Ethik. Überlegungen zur Inklusion von Menschen mit einer Hörschädigung. In: Hintermair, Manfred (Hrsg.): Inklusion und Hörschädigung. Diskurse über das Dazugehören und Ausgeschlossensein im Kontext besonderer Wahrnehmungsbedingungen. Heidelberg 2012. S. 13-28.

Birkner, Nina/ Geier, Andrea/ Helduser, Urte: Geschlecht und Alterität im postdramatischen Theater. Zur Einführung. In: Birkner, Nina/ Geier, Andrea/ Helduser, Urte (Hrsg.): Spielräume des Anderen. Geschlecht und Alterität im postdramatischen Theater. Bielefeld 2014. S. 9-21.

Blitz, Dennis: Das deutsch-französische Begegnungsprojekt „Diskriminierung und Theater". Teil I: Einblicke in einen interkulturellen Austausch gehörloser und hörender junger Menschen. In: DAS ZEICHEN 90/2012. Zeitschrift für Sprache und Kultur Gehörloser. Hamburg 2012. S. 174-179.

Blumenauer, Larissa: Inklusion im Sprechtheater – ein Praxisbericht. In: DAS ZEICHEN. 104/2016. Zeitschrift für Sprache und Kultur Gehörloser. Hamburg 2016. S. 376-381.

Böhme, Gernot: Atmosphäre. Essays zur neuen Ästhetik. Frankfurt am Main 1995.

Borgwardt, Christian: Gebärdensprachpädagogik: DGS im bilingualen Schulunterricht. In: Eichmann, Hanna/ Hansen, Martje/ Heßmann, Jens (Hrsg.): Handbuch Deutsche Gebärdensprache. Sprachwissenschaftliche und anwendungsbezogene Perspektiven. Seedorf 2012. S. 381-397.

Cohn, Miriam: Teilnehmende Beobachtung. In: Bischoff, Christine/ Oehme-Jüngling, Karoline/ Leimgruber, Walter (Hrsg.): Methoden der Kulturanthropologie. Bern 2014. S. 71-85.

Emerson, Robert/ Fretz, Rachel/ Shaw, Linda: Writing Ethnographic Fieldnotes. Chicago 1995.

Fischer-Lichte, Erika: Ästhetische Erfahrung. Das Semiotische und das Performative. Tübingen/ Basel 2001.

Friebertshäuser, Barbara: Feldforschung und teilnehmende Beobachtung. In: Friebertshäuser, Barbara/ Prengel, Annedore (Hrsg.): Handbuch Qualitative Forschungsmethoden in der Erziehungswissenschaft. Weinheim/ München 1997. S. 503-534.

Gebron, Julie: Sign the Speech. An Introduction to Theatrical Interpreting. Hillsboro 1996.

Gerlach, Manuela/ Hillert, Gudrun: Zeichenkunst – Gebärdensprachdolmetschen für ein taubes Theaterpublikum. In: Griesel, Yvonne (Hrsg.): Welttheater verstehen. Übertitelung, Übersetzen, Dolmetschen und neue Wege. Berlin 2014. S. 185-195

Griesel, Yvonne: Die Inszenierung als Translat. Möglichkeiten und Grenzen der Theaterübertitelung. Berlin 2007.

Hauser-Schäublin, Brigitta: Teilnehmende Beobachtung. In: Beer, Bettina (Hrsg.): Methoden und Techniken der Feldforschung. Berlin 2003. S. 33-54.

Helduser, Urte: Der >Einbruch von Realität<. Behinderung im postdramatischen Theater Jelineks und Marthalers. In: Birkner, Nina/ Geier, Andrea/ Helduser, Urte (Hrsg.): Spielräume des Anderen. Geschlecht und Alterität im postdramatischen Theater. Bielefeld 2014. S. 177-210.

Hennies, Johannes: Prälinguale Hörbehinderung und Schriftsprachkompetenz. In: Maas, Christiane/ Rink, Isabel (Hrsg.): Handbuch Barrierefreie Kommunikation. Berlin 2019. S. 201-220.

Hillert, Gudrun: Dolmetschen am Theater – Verlorene Liebesmüh? In: DAS ZEICHEN 70/2005. Zeitschrift für Sprache und Kultur Gehörloser. Hamburg 2005. S. 282-293.

Kapusta, Dòra: Übertitel: Ein eigenständiges ästhetisches Theaterelement? In: Griesel, Yvonne (Hrsg.): Welttheater verstehen. Übertitelung, Übersetzen, Dolmetschen und neue Wege. Berlin 2014. S. 101-108.

Kelstone, Aaron Weir/ Durr, Patti: Deaf Theatre as Visual Art: Process Towards Revival. In: https://awkelstone.com/2014/01/15/deaf-theatre-as-visual-art/ [letzter Zugriff: 20.08.2020]

Kiok, Evelyn: Barrierefreies Theater in Gebärden- und Lautsprache. Eine Untersuchung zu Eine Weihnachtsgeschichte vom Theater im OP und Die Hauptsache des Deutschen Gehörlosentheaters. Unveröffentlichte Hochschulschrift 2019.

Kochhar-Lindgren, Kanta: Hearing Difference across Theatres: Experimental, Disability, and Deaf Performance. In: Theatre Journal, Vol. 58/3. Hearing Theatre. Baltimore 2006. S. 417-436.

Kotte, Andreas: Theaterwissenschaft. Eine Einführung. Köln 2005.

Krausneker, Verena/ Boesch, Hanna/ Fleischmann, Susanne/ Rohrauer, Andrea/ Schalber, Katharina/ Pichler, Angelika: Die wichtigsten Fragen & Antworten zum Spracherwerb hörbehinderter Kinder. Wien 2007.

Lehmann, Hans-Thies: Postdramatisches Theater. Frankfurt am Main 2015. 6. Auflage.

Mälzer, Nathalie: Inklusion durch Mehrsprachigkeit im Theater. 2018. In: https://www.kubi-online.de/artikel/inklusion-durch-mehrsprachigkeit-theater [letzter Zugriff: 27.06.2020]

Mälzer, Nathalie/ Wünsche, Maria: Inklusion im Theater. Übertitel zwischen Ästhetik und Translation. Berlin 2018.

Mahne, Wera: Ästhetik der Gebärden. Gebärdensprache als Mittel des postdramatischen Theaters am Beispiel der Diplominszenierung „geistern folgen". Wissenschaftlicher Teil zur praktischen Diplomarbeit im Studiengang Kulturwissenschaften und ästhetische Praxis. Universität Hildesheim 2011.

Méan, Yves-Manuel: Einheitliche Untertitel für Hörgeschädigte im deutschsprachigen Fernsehen – Chance oder Utopie? Ein Vergleich der Untertitelungsrichtlinien in Deutschland, Österreich und der Schweiz. Masterarbeit im Studiengang Angewandte Linguistik. Zürcher Hochschule für Angewandte Wissenschaften 2011.

Merkt, Irmgard: Die Künste und die Kunst der Inklusion. In: Gerland, Juliane (Hrsg.): Kultur – Inklusion – Forschung. Weinheim 2017. S. 16-31.

Mitchell, Ross/ Karchmer, Michael: Demographic and Achievement Characteristics of Deaf and Hard-of Hearing Students. In: Marschark, Marc/ Spencer, Patricia Elisabeth (Hrsg.): The Oxford Handbook of Deaf Studies, Language, and Education. Vol. 1. New York/ Oxford 2010. S. 18-31.

O'Reilly, Karen: Key Concepts in Ethnography. Los Angeles/ London/ Neu Delhi/ Singapur/ Washington DC 2009.

Pfau, Roland/ Quer, Josep: Nonmanuals: Their Prosodic and Grammatical Roles. In: Brentari, Diane (Hrsg.): Sign Language. Cambridge 2010. S. 381-402.

Rink, Isabel: Kommunikationsbarrieren. In: Maaß, Christiane/ Rink, Isabel (Hrsg.): Handbuch Barrierefreie Kommunikation. Berlin 2019. S. 29-65.

Ruebhausen, David Keith: Art Made Accessible: Redefining Accessibility and Cross-Cultural Communication for the Deaf and Hard-of-Hearing in the American Theatre Institution. In partial Fulfillment of the Requirements for the Degree of Doctor of Philosophy. University of Minnesota 1996.

Schlehe, Judith: Formen qualitativer ethnographischer Interviews. In: Beer, Bettina (Hrsg.): Methoden und Techniken der Feldforschung. Berlin 2003. S. 71-93.

Schlenker-Schulte, Christa (Hrsg.): Barrierefreie Information und Kommunikation. Hören – Sehen – Verstehen in Arbeit und Alltag. Villingen-Schwenningen 2004.

Schmidt-Lauber, Brigitta: Feldforschung. Kulturanalyse durch teilnehmende Beobachtung. In: Göttsch, Silke/ Lehmann, Albrecht (Hrsg.): Methoden der Volkskunde. Positionen, Quellen, Arbeitsweisen der Europäischen Ethnologie. Berlin 2007. S. 219-248.

Schmidt, Yvonne: Experten des Alltags - und nun? Transformative Potentiale von Theaterprojekten mit professionellen und nichtprofessionellen Darstellern. In: Prinz-Kiesbüye, Myrna-Alice/ Schmidt, Yvonne/ Stricker, Pia (Hrsg.): Theater und Öffentlichkeit. Theatervermittlung als Problem. Zürich 2012.S. 67-76.

Schneider, Werner/ Waldschmidt, Anne: Disability Studies. (Nicht)Behinderung anders denken. In: Moebius, Stephan (Hrsg.): Kultur. Von den Cultural Studies bis zu den Visual Studies. Eine Einführung. Bielefeld 2012. S. 128-150.

Scholz, Gerold: Teilnehmende Beobachtung: eine Methodologie oder eine Methode?, In: Mey, Günter (Hrsg.): Handbuch Qualitative Entwicklungspsychologie. Köln 2005. S. 381-412.

Scholz, Gerold: Teilnehmende Beobachtung. In: https://www.uni-koblenzlandau.de/de/koblenz/fb1/gpko/alt/person/dateien-west/dateien-west-archiv/teilnehmendebeobachtung.pdf [Letzter Zugriff: 20.05.2019]

Schreyer Duarte, Birgit: „Theatre against Silencing“. Internationales Theaterprojekt To A Flame mit gehörlosen und nicht-gehörlosen Künstlern. In: DAS ZEICHEN 92/2012. Zeitschrift für Sprache und Kultur Gehörloser. Hamburg 2012. S. 490-503.

Sealey, Jenny/ Lynch, Carissa Hope: Graeae: An Aesthetic of Access – (De)Cluttering the Clutter. In: Broadhurst, Susan/ Machon, Josephine (Hrsg.): Identity, Performance and Technology. Practices of Empowerment, Embodiment and Technicity. Basingstoke/ New York 2012. S. 60-73.

Siebers, Tobin: UN/SICHTBAR. Observation über Behinderung auf der Bühne. In: Schipper, Imanuel (Hrsg.): Ästhetik versus Authentizität? Reflexionen über die Darstellung von und mit Behinderung. Berlin 2012. S. 16-32

Spittler, Gerd: Teilnehmende Beobachtung als Dichte Teilnahme. In: Zeitschrift für Ethnologie. Band 126. Berlin 2001. S. 1-25.

Stiening, Gideon: Literatur und Wissen im Werk Georg Büchners. Studien zu seinen wissenschaftlichen, politischen und literarischen Texten. Berlin/ Boston 2019.

Tod, Susanne: „Des Menschen Auge hat's noch nicht gehört…“. Ein Besuch beim Theater HandStand in Freiburg i. Brsg. In: DAS ZEICHEN 63/2003. Zeitschrift für Sprache und Kultur Gehörloser. Hamburg 2003. S. 38-46.

Tröger-Reders, Nina: Dramatische Erziehung für Gehörlose. Ein Besuch an der Janáček-Akademie in Brünn/Tschechien. In: DAS ZEICHEN 68/2004. Zeitschrift für Sprache und Kultur Gehörloser. Hamburg 2004. 358-362.

Ugarte Chacón, Rafael: Inklusion und Exklusion im Theater. Überlegungen zum Theater für ein gehörloses und hörendes Publikum. In: DAS ZEICHEN 114/2020. Zeitschrift für Sprache und Kultur Gehörloser. Hamburg 2020. S. 34-45.

Ugarte Chacón, Rafael: Theater und Taubheit. Ästhetiken des Zugangs in der Inszenierungskunst. Bielefeld 2015.

Uhlig, Anne: Ethnographie der Gehörlosen. Kultur – Kommunikation – Gemeinschaft. Bielefeld 2012.

Vollhaber, Tomas: Gebärdensprachkunst. Fremdheit erfahrbar machen. In: Eichmann, Hanna/ Hansen, Martje/ Heßmann, Jens (Hrsg.): Handbuch Deutsche Gebärdensprache. Sprachwissenschaftliche und anwendungsbezogene Perspektiven. Seedorf 2012. S. 399-423.

Vollhaber, Tomas: Ikonische Differenz. Vom Übersetzen literarischer Texte in und aus Gebärdensprachen. In: DAS ZEICHEN 112/19. Zeitschrift für Sprache und Kultur Gehörloser. Hamburg 2019. S. 208-222.

Waldschmidt, Anne: Disability Goes Cultural. The Cultural Model of Disability as an Analytical Tool. In: Waldschmidt, Anne/ Berressem, Hanjo/ Ingwersen, Moritz (Hrsg.): Culture – Theory – Disability. Encounters between Disability Studies and Cultural Studies. Bielefeld 2017. S. 19-27.

Wirthwein, Heike (Hrsg.): Georg Büchner. Woyzeck. Reclam XL. Text und Kontext. Ditzingen 2013.

Wünsche, Maria: Das inklusive Potential der Theatertranslation. Aufführungen für gehörlose,schwerhörige und hörende Personen. Masterarbeit im Studiengang Medientext und Medienübersetzung. Universität Hildesheim 2015.

Wünsche, Maria: Das Spannungsfeld Barrierefreiheit und Inklusion am Beispiel der Theaterübertitelung. In: DAS ZEICHEN 107/2017. Zeitschrift für Sprache und Kultur Gehörloser. Hamburg 2017. S. 390-397.

Internetquellen

Bundesministerium für Arbeit und Soziales BMAS (2018): Die UN-Behindertenrechtskonvention. Übereinkommen über die Rechte von Menschen mit Behinderung. In: https://www.bmas.de/SharedDocs/Downloads/DE/PDF-Publikationen/a729-unkonvention.pdf?__blob=publicationFile&v=4 [letzter Zugriff: 20.01.2020]

Deutsches Gehörlosentheater (o.J.): Vorstand. In: https://www.gehoerlosentheater.de/vorstand [letzter Zugriff: 13.08.2020]

Ernst Deutsch Theater (o.J.): Die Jugendclubs. In: https://www.ernst-deutsch-theater.de/jugend/jugendclubs [letzter Zugriff: 13.08.2020]

EUCREA (o.J.): ART+ künstlerische Ausbildung und Qualifizierung für Menschen mit Behinderung. In: https://www.eucrea.de/aktivitaeten/strukturprogramme/artplus-ausbildung-2021-2024 [letzter Zugriff: 08.07.2021]

Freedownloadmanager (o.J.): Isadora. In: https://en.freedownloadmanager.org/Windows-PC/Isadora.html [letzter Zugriff: 06.11.2020]

Hochschule für Musik, Theater und Medien Hannover (o.J.): Studienbereich Schauspiel. Bewerbung und Aufnahmeprüfung. In: https://www.schauspiel.hmtm-hannover.de/de/studium/bewerbung-aufnahmepruefung/ [letzter Zugriff: 21.09.2020]

Informationsplattform: humanrights.ch (2018): Übereinkommen über die Rechte von Menschen mit Behinderungen. In: https://www.humanrights.ch/de/internationalemenschenrechte/uno-abkommen/behinderte/ [letzter Zugriff: 15.10.2020]

LimeSurvey: Startseite. In: https://www.limesurvey.org/de/ [letzter Zugriff: 22.07.2020]

Lutz, Christiane: Theater Kunst der Gebärde. 01.03.2019. In: https://www.sueddeutsche.de/kultur/theater-kunst-der-gebaerde-1.4350827 [letzter Zugriff: 15.08.2019]

National Theater of the Deaf (o.J.): About. In: https://ntd.org/about-us/ [letzter Zugriff: 13.08.2020]

Österreichische Schwerhörigen Selbsthilfe (o.J.): Umgang mit schwerhörigen Menschen. In: https://www.oessh.or.at/hoerspuren/umgangschwerhoerige [letzter Zugriff: 03.07.2020]

Prante, Martina: Theaterhaus produziert „Woyzeck" in drei Sprachen gleichzeitig. 15.11.2019. In: https://www.hildesheimer-allgemeine.de/news/article/theaterhaus-produziert-woyzeck-in-drei-sprachen-gleichzeitig.html [letzter Zugriff: 12.04.2020]

Ross, Ashley: How Deaf Actors Are Breaking Boundaries on Broadway With Spring Awakening. 08.10.2015. In: https://time.com/4062110/spring-awakening-broadway-deaf-west/ [letzter Zugriff: 23.07.2020]

Royal Conservatoire of Scotland (o.J.): BA Performance in British Sign Language and English. In: https://www.rcs.ac.uk/courses/ba-performance/ [letzter Zugriff: 05.08.2020]

Schauspiel Hannover (o.J.): Schauspiel. Die Wut, die uns vereint. In: https://staatstheater-hannover.de/de_DE/programm-schauspiel/die-wut-die-uns-vereint.1224792 [letzter Zugriff: 05.08.2020]

Schweizerische Eidgenossenschaft (o.J.): Eidgenössisches Departement des Inneren. Konzepte und Modelle Behinderung. In: https://www.edi.admin.ch/edi/de/home/fachstellen/ebgb/themen-der-gleichstellung/konzepte-und-modelle-behinderung.html [letzter Zugriff: 04.05.2020]

Sehen statt Hören: „Die Hauptsache". Eine Bühne, zwei Sprachen. 16.03.2019. In: https://www.br.de/mediathek/video/die-hauptsache-eine-buehne-zwei-sprachenav:5c5af87686b1d800189eb2d8 [letzter Zugriff: 06.08.2020]

Sequeira Gerardo, Angelina: Taubenschlag. Zur Diskussion der „kulturellen Aneignung". 20.02.2019. In: https://www.taubenschlag.de/2019/02/zur-diskussion-der-kulturellen-aneignung/ [letzter Zugriff: 15.10.2020]

Sequeira Gerardo, Benedikt: Taubenschlag. DGB: Keine gute Aufklärung bzw. Sensibilisierung bei SOKO München. 23.02.2019. In: https://www.taubenschlag.de/2019/02/dgb-keine-gute-aufklaerung-bzw-sensibilisierung-bei-soko-muenchen/ [letzter Zugriff: 15.10.2020]

Soßdorf, Mareike (2012): Untersuchung und Konzipierung von Theateraufführungen für Hörgeschädigte. In: https://archiv.taubenschlag.de/cms_pics/Ergebnisse%20Umfrage.pdf [letzter Zugriff: 15.10.2020]

VOLL:MILCH (2015): Projekte. „ “. In: https://vollmilch.me/anf%C3%BChrungszeichenschlusszeichen.html [letzter Zugriff: 16.10.2020]

Duden (o.J.): Wörterbuch. Femizid. In: https://www.duden.de/rechtschreibung/Femizid [letzter Zugriff: 29.10.2020]

Zierold, Martin: taz. Debatte Barrierefreiheit in der Musik. Eine optische Täuschung. 25.08.2018. In: https://taz.de/Debatte-Barrierefreiheit-in-der-Musik/!5525817/ [letzter Zugriff: 15.10.2020]

Andere Quellen

Oltner Schauspielschule (o.J.): Seminar für Gehörlose. Informationen. In: https://ab804dfb-bd88-45ad-8778-de3e5af7c8f9.filesusr.com/ugd/2a78cd_e6b8072116ad4eacb1b8207c8cb26223.pdf [letzter Zugriff: 05.08.2020]

Dangschat, Hendrik/ Ender, Kathi (o.J.): Kommunikation mit Gehörlosen. Gelingende Kommunikation. In: https://www.gl-frankfurt.de/2017/08/08/neue-brosch%C3%BCre-kommunikation-mit-geh%C3%B6rlosen/ [letzter Zugriff: 03.07.2020]

Textfassung WOY. Ein Szenenfragment frei nach Georg Büchner. Version 27.11.2019

Theaterhaus Hildesheim (2019): WOY. Unveröffentlichter Videomitschnitt der Generalprobe am 29.11.2020. Theaterhaus Hildesheim.

Abbildungsverzeichnis

<table>
<tr><td rowspan="4">Geräusche
Musik
linguistische Zeichen
paralinguistische Zeichen
mimische Zeichen
gestische Zeichen
proxemische Zeichen
Maske
Frisur
Kostüm
Raumkonzeption
Dekoration
Requisiten
Beleuchtung</td><td rowspan="2">akustische Zeichen</td><td rowspan="2">transitorische Zeichen</td><td>raumbezogene Zeichen</td></tr>
<tr><td rowspan="2">schauspielerbezogene Zeichen</td></tr>
<tr><td rowspan="2">visuelle Zeichen</td><td rowspan="2">länger andauernde Zeichen</td></tr>
<tr><td>raumbezogene Zeichen</td></tr>
</table>

Abb. 1: Tabelle der Klassifikation der Theatralen Zeichen (Fischer-Lichte 2001: 162)

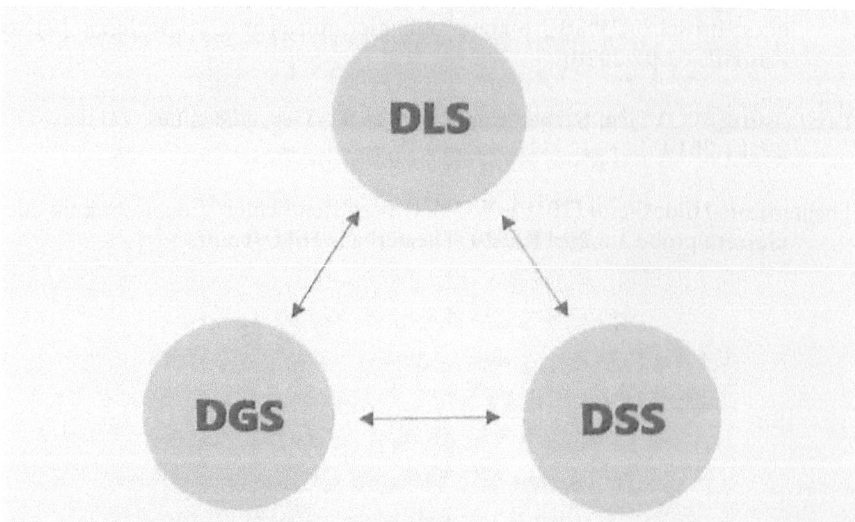

Abb. 2: Schema der Übersetzungsrichtungen zwischen DLS, DGS und DSS (Mälzer und Wünsche 2018: 50)

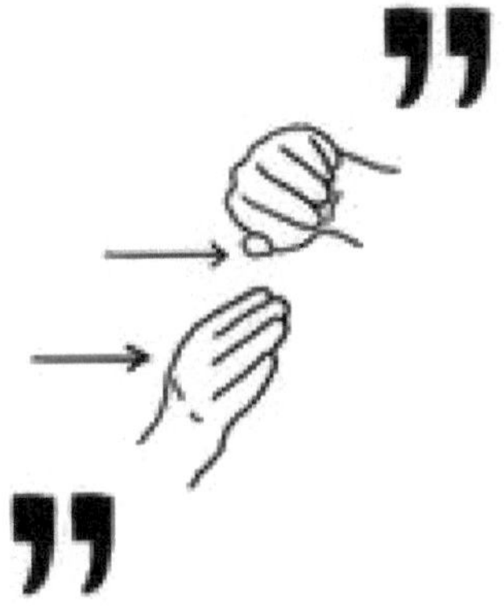

Abb. 3: Titel der 2015 aufgeführten Inszenierung der Hildesheimer Theatergruppe VOLL:MILCH in DGS. (VOLL:MILCH: Projekte „ “. 2015: o.S.)

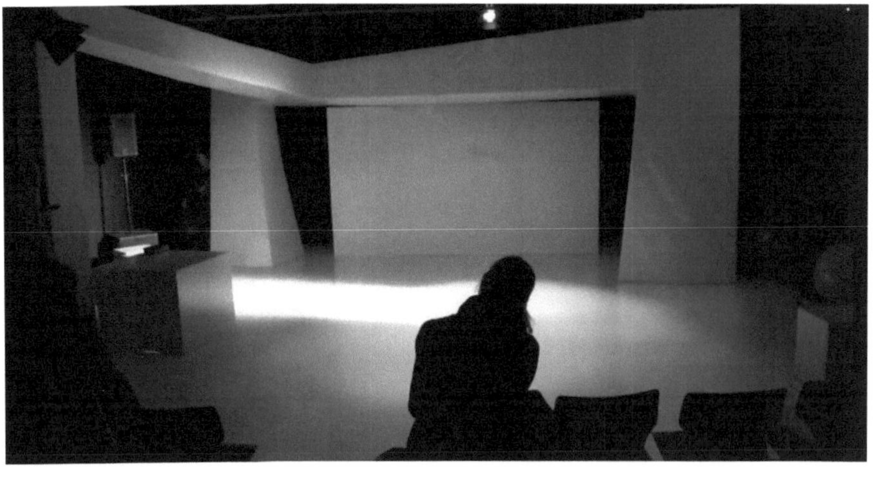

Abb. 4: Bühnenbild von WOY (Theaterhaus Hildesheim 2019: o.S.)

Anhang

Der Anhang steht unter folgendem Link zur Verfügung:
https://www.frank-timme.de/fileadmin/docs/Kiok_Inklusion_Buehne_Anhang.pdf

INKLUSION UND GESELLSCHAFT

Bd. 1 Norbert Störmer: Inklusion zwischen Utopie und Realität. 594 Seiten. ISBN 978-3-7329-0472-3

Bd. 2 Evelyn Kiok: Inklusion vor, auf und hinter der Bühne. Barrierefreie Kommunikation im Theater. 124 Seiten. ISBN 978-3-7329-0788-5

Bd. 3 Manfred Jödecke: Inklusion im Spiegel der neunten Kunst. Lebensvielfalt im Comic verstehen *aus sich selbst heraus*. 176 Seiten. ISBN 978-3-7329-0809-7

Bd. 4 Bernadette Hofer-Bonfim/Magdalena Zehetgruber/Elisabeth Peters/Johannes Schnitzer (eds.): Diversity and Inclusion across languages. Insights into communicative challenges from theory and practice. 222 Seiten. ISBN 978-3-7329-0886-8

Bd. 5 Susanne Römer: Inklusive Lernszenarien. Das Konzept der reflektierten Selbsterfahrung(en). 394 Seiten. ISBN 978-3-7329-0940-7

Frank & Timme